danubebooks

Der zweisprachige Gedichtband „Die Spitzen-Elf" präsentiert eine Auswahl zeitgenössischer Lyrik aus Rumänien von elf vornehmlich jüngeren Autorinnen und Autoren: Ionuț Chiva, Ruxandra Novac, Dan Sociu, Gabi Eftimie, Andrei Dósa, Cosmina Moroșan, Vlad Moldovan, Elena Vlădăreanu, Vasile Leac, Andrei Doboș, Alex Văsieș. Herausgeber dieser Anthologie ist der rumänische Literaturwissenschaftler und Schriftsteller Bogdan Coșa. Ins Deutsche übertragen wurden die Gedichte von Daria Schnut-Hainz. Ausdrücke und Zitate in englischer oder französischer Sprache wurden im Original übernommen.

BOGDAN COȘA (Hg.)

Die Spitzen-Elf

Primul unsprezece

Aus dem Rumänischen von Daria Schnut-Hainz

danubebooks

traduki

Die Herausgabe dieses Werks wurde gefördert durch TRADUKI, ein literarisches Netzwerk, dem das Bundesministerium für Europa, Integration und Äußeres der Republik Österreich, das Auswärtige Amt der Bundesrepublik Deutschland, die Schweizer Kulturstiftung Pro Helvetia, KulturKontakt Austria (im Auftrag des Bundeskanzleramts der Republik Österreich), das Goethe-Institut, die Slowenische Buchagentur JAK, das Ministerium für Kultur der Republik Kroatien, das Ressort Kultur der Regierung des Fürstentums Liechtenstein, die Kulturstiftung Liechtenstein, das Ministerium für Kultur der Republik Albanien, das Ministerium für Kultur und Information der Republik Serbien, das Ministerium für Kultur der Republik Rumänien, das Ministerium für Kultur von Montenegro, das Ministerium für Kultur der Republik Mazedonien, die Leipziger Buchmesse und die S. Fischer Stiftung angehören.

Bibliografische Information der Deutschen Nationalbibliothek
Die deutsche Nationalbibliothek verzeichnet diese Publikation in der Deutschen Nationalbibliografie; detaillierte bibliografische Daten sind im Internet über http://dnb.d-nb.de abrufbar.

Übersetzung	Daria Schnut-Hainz, Wien
Titelmotiv	Bogdan Piperiu, Tuttlingen
Gestaltung	www.geller-design.de
Verlag	danube books Verlag e. K., Ulm
Druck und Bindung	DENONA d. o. o., Zagreb

ISBN 978-3-946046-11-0

CUPRINS

Prefață 8

Ionuț Chiva 14
the family of men 16
good-bye good-luck good-bye 20
(fără titlu) 26
mi-aș dori foarte tare 28

Andrei Doboș 32
(fără titlu) 34
Diomid 36
Răsturnat în iarbă 40
Aforisme și sfaturi 42
Clu 48

Andrei Dósa 54
Adorație 56
online 58
tatiana cântă-ne ceva 60
(fără titlu) 62
jingfan 64

Gabi Eftimie 66
eco 68
captivă în worldwideweb 70
Bucuria Inimii 72
Orașul de Mesteacăn I 76

INHALT

Vorwort 9

Ionuț Chiva 15
the family of men 17
good-bye good-luck good-bye 21
(ohne Titel) 27
ich würde mir sehr stark wünschen 29

Andrei Doboș 33
(ohne Titel) 35
Diomid 37
Ins Gras gekippt 41
Aphorismen und Ratschläge 43
Clu 49

Andrei Dósa 55
Anbetung 57
online 59
tatiana sing uns etwas vor 61
(ohne Titel) 63
jingfan 65

Gabi Eftimie 67
eco 69
gefangen im world wide web 71
Freude des Herzens 73
Die Birkenstadt I 77

În țările nordice există o boală numită alergie la electricitate 80

V. Leac 82
un bilet găsit de S. într-un roman gros, demodat 84
S. face o anchetă 86
your British sun 92
mă rog zilnic să aibă grijă de tine 96

Vlad Moldovan 102
Nimic de văzut 104
Romantik 108
Tripon 110
The Session 120
ANFP 122

Cosmina Moroșan 124
Space 126
Insights de la florăreasă 132

Ruxandra Novac 144
london paris new york 146
x 152
ca într-un gărduleț, ca într-o dantelă mecanică 154
x 162

In den nordischen Ländern gibt es eine Krankheit mit dem Namen Elektrosensibilität 81

V. Leac 83
ein zettel, den S. in einem dicken, altmodischen roman fand 85
S. macht eine Umfrage 87
your British sun 93
ich bete täglich dass er auf dich aufpasst 97

Vlad Moldovan 103
Nichts zu sehen 105
Romantik 109
Tripon 111
The Session 121
ANFP 123

Cosmina Moroșan 125
Space 127
Insights von der Blumenhändlerin 133

Ruxandra Novac 145
london paris new york 147
x 153
wie in einem kleinen zaun, wie in einem metallenen geflecht 155
x 163

Dan Sociu	164	Dan Sociu	165
Cîntec eXcesiv I	166	eXzessives Lied I	167
Arta moartă a comparației	172	Die tote Kunst des Vergleichs	173
Vino cu mine știu exact unde mergem	176	Komm mit mir mit, ich weiß genau, wo wir hingehen	177
Alex Văsieș	182	Alex Văsieș	183
Instalația	184	Die Installation	185
Pastorala Alemană	188	Alemannisches Hirtenlied	189
#14	192	#14	193
#5	194	#5	195
Elena Vlădăreanu	196	Elena Vlădăreanu	197
românia. fin de siècle	198	rumänien. fin de siècle	199
istorie recentă	202	jüngste geschichte	203
(fără titlu)	206	(ohne Titel)	207
I am not a plastic bag	210	I am not a plastic bag	211
(fără titlu)	214	(ohne Titel)	215
Bogdan Coșa: biografie	216	Bogdan Coșa: Biografie	217
Traducere: Daria Schnut-Hainz	218	Übersetzung: Daria Schnut-Hainz	219
		Fußnoten	219

PREFAȚĂ

Conferință de presă: Primul unsprezece trimis în teren de către selecționerul român

Pentru a nu fi acuzat de lipsă totală de metodologie în alcătuirea acestei antologii, am ales, pe de-o parte, drept criteriu obiectiv de selecție, vârsta poeților – care, cu o singură excepție, ca orice regulă care se respectă, nu depășește 39 de ani – , iar pe de altă parte, la nivel ultrasubiectiv, calitatea poemelor, preferându-le astfel pe cele care – mai mult decât să spun că sunt splendide în sine – , în urma lecturilor succesive, au avut ceea ce a fost necesar pentru a mă convinge.

Pe scurt, aceștia sunt cei mai buni unsprezece tineri poeți contemporani din România în viziunea mea; ca în fotbal, acesta este primul unsprezece la ora actuală, echipa pe care, ca virtual selecționer, aleg să o trimit în teren după cum urmează:

În poartă, V. Leac – excepția –, pe care l-am preferat unui coleg mai tânăr tocmai datorită experienței sale, ca poet care le-a văzut pe toate și care cu greu mai poate fi păcălit; dedicat experimentului, V. Leac e un autor radical diferit de colegii săi, cum numai un portar poate fi în comparație cu jucătorii de câmp.

La celălalt pol pe axul vârstei, pe post de fundaș dreapta, Alex Văsieș, un poet ce denotă un grad ridicat de mobilitate, având calități ofensive clare; se repliază ușor în poeme narative, excelente la nivel de construcție.

În centru am optat pentru un cuplu solid de apărători, diferiți ca factură, dar complemen-

VORWORT

Pressekonferenz: Rumänischer Talentsucher schickt Spitzen-Elf ins Spiel

Damit man mir nicht einen völligen Mangel an Methode bei der Zusammenstellung dieser Anthologie vorwirft, wählte ich einerseits, als objektives Auswahlkriterium, das Alter der Dichter, welches 39 Jahre nicht übersteigt (mit einer einzigen Ausnahme, was wohl eine anständige Regel immer bestätigt). Andererseits, auf absolut subjektiver Ebene, entschied ich mich für die Qualität der Gedichte, indem ich jene bevorzugte, die nicht nur wunderbar an sich sind, sondern mich vielmehr durch jenes gewisse Etwas überzeugten, das sie auch noch nach wiederholtem Lesen beibehielten.

Kurzum, das sind meiner Auffassung nach die derzeit besten elf jungen zeitgenössischen Dichter, die Rumänien zu bieten hat. Wie beim Fußball ist das im Moment die Spitzen-Elf, also jenes Team, das ich als virtueller Talentsucher gewählt habe, um es in folgender Aufstellung auf das Spielfeld zu schicken:

Im Tor steht die Ausnahme, V. Leac, den ich gerade wegen seiner Erfahrung als ein Dichter, der schon alles gesehen hat und kaum mehr getäuscht werden kann, einem jüngeren Kollegen vorgezogen habe. Dem Experiment gewidmet, ist V. Leac ein radikal anderer Autor als seine Kollegen, so wie es eben nur ein Torhüter in Vergleich zu seinen Feldspielern sein kann.

Am anderen Ende der Altersskala, als rechter Außenverteidiger, spielt Alex Văsieș, ein Dichter mit hohem Grad an Wendigkeit und eindeutigen Qualitäten in der Offensive. In

tari: Andrei Doboș, așezat, bine legat, excelent în duelurile unu la unu, dar și în materie de faze fixe și degajări, va fi completat în linia de fund de precizia Ruxandrei Novac, o poetă cu sânge rece, impecabilă în materie de intervenții decisive – în situații de contra-atac, Ruxandra Novac e cel mai bun ultim apărător pe care și l-ar putea dori o echipă.

Fundaș stânga, Gabi Eftimie; temperată, atentă, poeta arată în textele ei recente o maturitate deplină, păstrând însă unele valențe ofensive specifice volumului de debut, acestea servindu-i mai sus în banda stângă Cosminei Moroșan, un mijlocaș extrem de rapid și de inovativ, a cărei tinerețe și dorință de afirmare o fac să urce și să încerce mereu combinații solicitante pentru apărarea adversă.

La mijlocul terenului, dedicată, rezistentă, ajutând în primă fază la ieșirea din apărare cu pase scurte, sociale, câștigând, ca la fotbal american, metru cu metru, Elena Vlădăreanu este o poetă completă, box to box, contribuind la faza ofensivă cu pase în adâncime de calitate și devenind extrem de periculoasă în cazul respingerilor – este recunoscută pentru șuturile sale în forță, pentru poeziile cu mesaj politic.

În banda din dreapta, specialistul în lovituri libere și principalul furnizor de centrări, Vlad Moldovan – ar fi nedrept să nu menționez asta: datorită unor execuții generoase, care deschid spații noi pentru întreaga linie de atac, multe din ocaziile de gol poartă semnătura sa.

În jumătatea de sus a terenului, Dan Sociu, coordonatorul de joc și căpitanul echipei, își dovedește măiestria cu fiecare volum, înscriind din aproape orice poziție sau pasând decisiv către Ionuț Chiva; acesta, poziționându-se mereu în coasta fundașilor, forțează apărarea să iasă la ofsaid cu lirica sa instigatoare – rămas singur cu portarul, Ionuț Chiva e, desigur, nemilos cum doar un striker poate fi, imposibil de deposedat altfel decât cu riscul unui penalty. La fel și celălalt atacant pur-sânge, Andrei Dósa – înalt și puternic, reușește să tragă mereu doi apărători după el, devenind letal, cum ziceam, în special în cazul unui balon centrat peste medie în careul advers.

seinen aufbautechnisch ausgezeichneten Erzählgedichten beherrscht er mit Leichtigkeit den spieltaktischen Rückzug, der ihm zugleich einen überraschenden Gegenstoß ermöglicht.

In der Mitte entschied ich mich für ein solides Verteidigerpaar. Wenn auch unterschiedlich in ihrem Wesen, ergänzen sich die Beiden hervorragend: Andrei Doboș, ruhig und besonnen, kräftig, ausgezeichnet im „Mann-gegen-Mann"-Spiel, aber auch in Standardsituationen und beim Weitschuss, wird er an der hinteren Abwehrlinie von der Präzision Ruxandra Novacs unterstützt, einer kaltblütigen Dichterin, einwandfrei in entscheidenden Interventionen. In Gegenangriffssituationen ist Ruxandra Novac die beste Verteidigerin, die sich eine Mannschaft an der hintersten Spielfront nur wünschen kann.

Linke Außenverteidigerin ist Gabi Eftimie. Gemäßigt, aufmerksam, zeigt die Dichterin in ihren jüngsten Texten eine vollkommene Reife, behält aber auch einige offensive Eigenschaften bei, die bereits ihren Debütband auszeichneten. Dies kommt an der linken Flanke Cosmina Moroșan zugute, einer außerordentlich schnellen und einfallsreichen Mittelfeldspielerin, deren Jugend und Behauptungsdrang sie dazu anspornen, immer weiter nach oben zu streben und die gegnerische Verteidigung stets mit anspruchsvollen Spielkombinationen zu konfrontieren.

In der Spielfeldmitte, hingebungsvoll und belastbar, unterstützt Elena Vlădăreanu das Spiel durch ihre kurzen Pässe in der ersten Phase des Übergangs von der Defensive in die Offensive und kämpft sich Meter um Meter vor, wie im American Football. Elena Vlădăreanu ist eine vollkommene Dichterin, ein Box-to-Box-Player, eine Strafraumpendlerin, die in der Angriffsphase hochwertige Pässe in die Tiefe liefert und in Abwehrsituationen extrem gefährlich wird – man kennt sie als schussstarke Spielerin, als Urheberin von Gedichten mit politischer Botschaft.

An der rechten Flanke spielt Vlad Moldovan, der Freistoßspezialist und wichtigste Verantwortliche für Flankenbälle. Es ist an dieser Stelle nur gerecht zu erwähnen, dass er auf-

Firește, sunt conștient că există nume importante rămase pe banca de rezerve, dar am cântărit îndelung și este o decizie pe care mi-o asum. Acesta este primul meu unsprezece, pentru care sunt gata oricând să dau socoteală.

14 septembrie 2017, Bogdan Coșa

grund seiner raumdeckenden Ballführung, die für die gesamte Offensivlinie neue Spielräume eröffnet, für viele gefährliche Torgelegenheiten verantwortlich zeichnet.

In der oberen Hälfte des Spielfeldes stellt Dan Sociu, Spielkoordinator und Mannschaftskapitän, mit jedem einzelnen seiner Gedichtbände sein Können unter Beweis, indem er aus fast jeder Spielposition ein Tor erzielt oder zumindest einen entscheidenden Pass zu Ionuț Chiva spielt; dieser wiederum manövriert mit seiner mitreißenden Dichtkunst die Abseitstaktik der Abwehr aus und ist stets ein Stachel im Fleisch der Verteidiger. Allein gelassen mit dem gegnerischen Torhüter wird Ionuț Chiva so rücksichtslos, wie es eben nur ein Stürmer sein kann, während es für die Verteidiger unmöglich wird, ihm den Ball abzunehmen, außer sie gehen das Risiko eines Strafstoßes ein. Ganz gleich verhält es sich mit dem anderen Vollblutstürmer, Andrei Dósa, einem großen und kräftigen Spieler, dem es immer gelingt, gleich zwei gegnerische Verteidiger im Schlepptau zu haben, und der vor allem dann eine tödliche Wirkung entfaltet, wenn der Ball über die Mittellinie in den gegnerischen Strafraum gespielt wird.

Natürlich ist es mir bewusst, dass wichtige Namen auf der Ersatzbank sitzen bleiben mussten, aber ich habe meine Entscheidung lange abgewogen und bin von meiner Auswahl überzeugt. Das ist meine Spitzen-Elf, für die ich jederzeit geradestehe.

14. September 2017, Bogdan Coșa

1

CHIVA

Nume: Ionuț Chiva

Data nașterii: 24 septembrie 1978

Locul nașterii: București

Domiciliu actual: Weiten, Germania

Cărți publicate: *69* (roman; Polirom, 2004), *instituția moartă a poștei* (Casa de pariuri literare, 2011), *Boddah speriat* (povestiri; Polirom, 2014)

1

CHIVA

Name: Ionuț Chiva

Geburtsdatum: 24. September 1978

Geburtsort: Bukarest

Derzeitiger Wohnort: Weiten, Deutschland

Publizierte Bücher: *69* (Roman; Polirom, 2004), *instituția moartă a poștei* (Casa de pariuri literare, 2011), *Boddah speriat* (Erzählungen; Polirom, 2014)

the family of men

my father drank from beer bottles
and said walk on
walk on my son

tata bea din greutăți oboseală
mama bea din
pahare cu vin și spunea ca la
noi la nimenea. la 20 prietenii mei, berbecii,

beau din sticle de bere și
ninși de o pulbere fină de aur spuneau
we are young
love is a battlefield

mama bea din sticle de bere
cu tata și frații lui în sufragerie
și arătîndu-mă cu degetul spunea el
este răzbunarea mea.

(eu citeam coloram desene citeam semne pe pereți și-n covor)

în liceu prietena mea bea din sticle de votcă
și fuma. prietenii mei, malformații, spuneau
de pe centrală
we are strong
no one can tell us we re wrong

the family of men

my father drank from beer bottles
and said walk on
walk on my son

vater trank vor sorgen aus müdigkeit
mutter trank aus
weingläsern und sagte wie's bei
uns ist, ist's bei keinem. mit 20 tranken meine freunde,

die böcke, aus bierflaschen und
sagten, von einer feinen goldschicht bedeckt,
we are young
love is a battlefield

mutter trank aus bierflaschen
mit vater und seinen brüdern im wohnzimmer
und sagte während sie mit dem finger auf mich zeigte er
ist meine rache.

(ich las malte zeichnungen aus sah mir zeichen an den wänden und auf dem teppich an)

in der oberstufe trank meine freundin aus wodkaflaschen
und rauchte. meine freunde, die missgebildeten, riefen
vom dach des heizwerks
we are strong
no one can tell us we're wrong

tata asculta etapa în fotoliul din sufragerie
și bea din sticle de bere
nins de o pulbere fină de praf.
razele soarelui palid de toamnă pătau

zugrăveala plină de semne
fututǎ făcută praf. prietenii mei, tăurașii,
arătau așa de bolnavi cînd văzuți de pe geam
jucau fotbal fără mine. în curtea interioară

canalele erau ninse de o pulbere fină
de rugină. prietenii mei, schilozii, băteau mingea
apoi începeau să se bată apoi stăteau de vorbă pe trepte
ninși de o pulbere fină de zgură.

my mother drank from beer bottles
and said walk on
walk on my son.

(*instituția moartă a poștei,* Casa de Pariuri Literare, 2011)

von einer feinen staubschicht bedeckt
saß vater im wohnzimmersessel, hörte fußball im radio
und trank aus bierflaschen.
die blassen herbstsonnenstrahlen warfen flecken

an die wand voller zeichen,
an den scheißkaputten anstrich. meine freunde, die jungbullen,
sahen so krank aus, als sie, vom fenster aus gesehen,
ohne mich fußball spielten. im innenhof

waren die kanaldeckel von einer feinen
rostschicht bedeckt. meine freunde, die lahmen, traten den ball
und dann einander und dann saßen sie auf den treppen und,
von einer feinen schicht asche bedeckt, sprachen sie miteinander.

my mother drank from beer bottles
and said walk on
walk on my son.

(*instituția moartă a poștei,* Casa de Pariuri Literare, 2011)

good-bye good-luck good-bye

cocaina m-a învățat poezia escapistă
banii s-au dus
(nu de aceea îți scriu)
sînt mai mare cu trei ani decît colegii mei de facultate
nu pot să mă duc la școală așa ca măgarul între oi
sînt bolnav îmi curge nasul întruna
uitat de toți
(de aceea îți scriu)
în cămăruța asta care miroase mereu a urină
stau de trei zile sub plapumă
transpirat în izmene și șosete de lînă.

ție nu-ți place cînd vorbesc așa dar primăvara asta
ineptă ca visele mele în care
subalternii mă împung cu degetul între coaste
și fac tot felul de fețe provocatoare
n-o să se termine niciodată. femeile sînt isterice
ziarele sînt isterice criza economică din america
se duce direct în pagina-ntîi seara bancherii
se aruncă pe geam
investitorii ca flori violete de noapte

se duc beți pe malul rîului și se aruncă
în el beți bancherii se aruncă pe geam
investitorii în apă în mînă cu notele
unui cîntec mai nou pe care
tu sora mea nu îl știi
(o să ți-l cumpăr eu de aici

good-bye good-luck good-bye

kokain hat mir den lyrischen eskapismus beigebracht
das geld ist weg
(das ist nicht der grund warum ich dir schreibe)
ich bin drei jahre älter als meine kommilitonen
ich kann als bunter hund nicht studieren gehen
ich bin krank meine nase läuft unaufhörlich
von allen vergessen
(das ist der grund warum ich dir schreibe)
in diesem kleinen zimmer das dauernd nach urin riecht
liege ich nun seit drei tagen unter der decke
verschwitzt in langen unterhosen und wollsocken.

du magst es nicht wenn ich so spreche aber dieser frühling
albern wie meine träume in denen
mir meine untergebenen mit dem finger in die seite stechen
und mich unentwegt provozierend ansehen
wird nie enden. die frauen sind hysterisch
die zeitungen sind hysterisch die amerikanische wirtschaftskrise
landet direkt auf der ersten seite am abend stürzen sich die banker
aus dem fenster
die investoren violette blumen der nacht

gehen betrunken zum ufer des flusses und stürzen sich
hinein betrunken stürzen sich die banker aus dem fenster
die investoren ins wasser und in der hand halten sie die noten
eines neueren liedes das
du schwesterherz nicht kennst
(ich werde dir das lied hier kaufen

și ți-l aduc la vară dacă o să mai fie vreodată
vară)

bolnav răcit
chinuit
fără bani seara mă duc la biliard
rezemat de perete mai schimb o vorbă
pipăindu-mi cu vîrful limbii
dintele rupt
un ciot ascuțit care-mi zgîrie
buza undeva mai sus pe dinăuntru.

parcă am nisip în ochi. proprietăreasa
vrea să mi-o pună tu vroiai mereu să mi-o pui:

a quoi bon avoir quitte coasta boacii?

duminica
asta au fost nori și turna. am stat la
masă în fața ferestrei
și mi-am făcut țigări. poate atunci am
luat răceala asta teribilă. ploua
întruna fereastra deschisă
mirosea frumos din grădină. scîrboasă zi
am stat pînă noaptea tîrziu
și n-a venit nimeni
nici cămătarii nici nimeni.

am aici un prieten
e un băiat slăbuț blond plin de bani

und nächsten sommer mitbringen falls es je wieder
sommer wird)

krank verkühlt
gequält
ohne geld am abend gehe ich billard spielen
dort an die wand gelehnt kann ich auch mal mit jemandem reden
ich taste mit der zungenspitze meinen
gebrochenen zahn ab
ein spitzer stumpf der irgendwo weiter oben
von innen an meiner lippe kratzt.

als ob ich sand in meinen augen hätte. die vermieterin
wollte es mit mir treiben du wolltest es immer wieder mit mir treiben:

à quoi bon avoir quitté coasta boacii? [1]

diesen sonntag
war es bewölkt und es schüttete. ich saß am
tisch vor dem fenster
und drehte mir zigaretten. möglich dass ich mir dabei
diese schreckliche erkältung geholt habe. es regnete
unaufhörlich das fenster war offen
es duftete gut aus dem garten. ekelhafter tag
ich saß dort bis spät in die nacht hinein
und niemand kam
weder die geldeintreiber noch sonstwer.

ich habe hier einen freund
einen schlanken blonden burschen mit viel geld

sînt rupt după el mi-a devenit foarte drag –
în zori, cînd îl sprijin de ușă după
care bat și o iau la picior
strigă după mine
așa cum strigai tu impetuoasă ca sufletul meu
astă-toamnă cînd m-au urcat
în mașină și am plecat good-bye good-luck good-bye

(*instituția moartă a poștei,* Casa de Pariuri Literare, 2011)

ich bin ganz hingerissen ich habe ihn sehr lieb gewonnen –
frühmorgens wenn ich ihn an die tür lehne und dann
anklopfe und die beine in die hand nehme
ruft er mir nach
so wie du mir nachriefst ungestüm wie meine seele
letzten herbst als sie mich ins auto
setzten und ich wegfuhr good-bye good-luck good-bye

(*instituția moartă a poștei,* Casa de Pariuri Literare, 2011)

...

scîrba se mulează pe fața mea
pe măsură ce timpul trece.
și timpul trece.
merg seara pe stradă n-am făcut nimic dar în capul meu cele mai multe lucruri sînt eroice
umbra mea cum merg seara e mai frumoasă decît david bowie dar sufletul meu e o peșteră plictisitoare
în care nu vezi (cînd mergi în excursie și-ți place o fată din clasă și ești complexat de un băiat) în care nu vezi nimic.
am anumite expresii faciale care nu vin de la mine.
e scîrba.
ea e de sulf și crește geometric cumva dar random (pe măsură ce timpul trece. și trece.)
și eu nu mai sînt eu.
și nu-mi poți face nimic dacă nu ajungi
la inima mea de adolescent care citea noaptea
și fuma o țigară la 2 ore
și se uita de pe balcon la stele.
metalice. ele.

(*instituția moartă a poștei,* Casa de Pariuri Literare, 2011)

…

die abscheu prägt sich ein in mein gesicht
im laufe der zeit.
und die zeit läuft.
ich gehe abends auf der straße und habe nichts getan aber in meinem kopf
sind die meisten dinge heldenhaft
mein schatten wie ich so am abend gehe ist schöner als david bowie aber meine
seele ist eine langweilige höhle
in der du nichts siehst (wenn du auf einen ausflug gehst und du stehst auf ein mädchen
aus deiner klasse und du hast selbstzweifel wegen eines anderen) in der du gar nichts siehst.
ich habe gewisse gesichtsausdrücke die nicht von mir stammen.
es ist die abscheu.
sie ist aus schwefel und wächst irgendwie geometrisch und trotzdem random (im laufe der zeit.
und die zeit läuft.)
und ich bin nicht mehr ich.
und du kannst mir nichts antun außer du erreichst
mein herz von damals als jugendlicher der in der nacht las
und alle zwei stunden eine zigarette rauchte
und beobachtete vom balkon aus die sterne.
metallisch. sie, in der ferne.

(*instituția moartă a poștei,* Casa de Pariuri Literare, 2011)

mi-aș dori foarte tare

să știe versuri de w.h. auden pe dinafară – să știi pe dinafară versuri din poeți
e o artă pe care am neglijat-o într-una și acum îmi dau seama că dacă
aș avea un copil care merge la școală mi-ar plăcea foarte mult să știe pe dinafară versuri din poeții englezi:
t was the blossom uv the liliacs an rivers were in full of growth/ when e and
duke of erlington dismounted that black horse
și tot așa m-ar distra mult și mi-ar plăcea de el să le zică urcat pe masă și iluminat cînd e mic, blond, cu trăsături frumoase.

și apoi să devină un tip foarte cult și reacționar, crud cu people pentru că are pretenții, foarte rece, să aibă o viață ca un bildungsroman, cu sens, cu momente de cumpănă și suferință peste care să treacă cu greu fumând pe malul lacului de pe proprietatea lui și recitînd versuri de whitman pentru că le știe pe dinafară. după care să se întoarcă
la poeții englezi.

și să nu fie un produs al contrakulturii un sfertodoc demn de milă dezorganizat care consumă bataille și sade și în loc de versuri din poeții englezi e plin de citate din foucault și moare ca o maimuță care s-a bîlbîit toată viața că vrea să zică și i s-a părut că zice și s-a mutilat dă doamne să nu fie un produs al contrakulturii.

să nu-și futǎ neapărat viața pentru că n-a știut niciodată ce-i aia disciplină organizare
și control să și-o futǎ altfel dacă vrea. dacă vrea să și-o futǎ pentru oameni despre care consideră că merită mai mult decît el sau „într-un război tîmpit dintr-un loc al lumii care nu interesează pe nimeni", dar nu pentru că a avut el așa o dorință să se exprime. să nu fie bolnăvicios să nu-i pară rău foarte tare.

ich würde mir sehr stark wünschen

dass es verse von w.h. auden auswendig kann – verse von dichtern auswendig zu können ist eine kunst die ich andauernd vernachlässigt habe und jetzt merke ich dass es mir sehr gefallen würde wenn mein kind sofern ich eines hätte das in die schule geht
verse englischer dichter auswendig könnte:
t was the blossom uv the liliacs an rivers were in full of growth/ when e and
duke of erlington dismounted that black horse
und so weiter es würde mir viel spaß machen und es wäre schön wenn das kind die verse aufsagt während es strahlend auf einem tisch steht, klein, blond, mit schönen gesichtszügen.

und dann soll es zu einem sehr belesenen und reaktionären kerl werden, hart zu people, da er anspruchsvoll ist, und sehr kalt, ein leben wie ein bildungsroman soll er haben, sinnvoll, mit schwierigen und leiderfüllten zeiten über die er schwer hinwegkommt während er am seeufer seiner liegenschaft raucht und aus whitmans gedichte rezitiert weil er sie auswendig kann. danach soll er sich wieder den englischen dichtern zuwenden.

und er soll kein produkt der gegenkultur sein kein bemitleidenswerter unorganisierter viertelgebildeter der bataille und sade konsumiert und anstatt voll von versen englischer dichter zu sein lauter zitate von foucault draufhat und wie ein affe stirbt der sein ganzes leben lang gestottert hat dass er sagen wollte und es kam ihm vor dass er es sagte und er verstümmelte sich gott behüte dass er ein produkt der gegenkultur wird.

er soll nicht unbedingt sein leben verschissen haben nur weil er nie wusste was disziplin organisation und kontrolle ist er soll sein leben anders verscheißen wenn er will. wenn er will soll er's für menschen verscheißen die seiner meinung nach mehr verdienen als er oder „in einem dämlichen krieg an einem ort auf dieser welt der niemanden interessiert", aber nicht weil er einfach einmal den wunsch hatte sich auszudrücken. er soll nicht kränklich sein
er soll nicht zu sehr bedauern.

și pentru că nu-i un produs al contrakulturii să aibă control generozitate și viziune să poată face lucruri împotriva lui pentru că e civilizat și nu se lasă condus de instinctul de autoconservare pentru că știe că lumea nu a început ieri și că oamenii sînt asemănători și pasiunile lor ridicole. să fie sobru cînd face lucruri împotriva lui și să-i ajute cît poate pe alții să nu se simtă foarte specific.

să moară în patul lui, de boală, să-i fi plăcut animalele, cîinii.

(*instituția moartă a poștei*, Casa de Pariuri Literare, 2011)

und weil er kein produkt der gegenkultur ist soll er beherrscht großzügig und visionär sein um gegen sich selbst gerichtete dinge tun zu können weil er zivilisiert ist und sich nicht vom selbsterhaltungstrieb leiten lässt weil er weiß dass die welt nicht gestern begonnen hat und dass die menschen einander ähnlich sind und ihre leidenschaften lächerlich. er soll sachlich sein wenn er gegen sich selbst gerichtete dinge tut und anderen so viel wie möglich helfen er soll sich nicht besonders spezifisch fühlen.

er soll in seinem bett sterben, krankheitsbedingt, er soll tiere gemocht haben, hunde.

(*instituția moartă a poștei,* Casa de Pariuri Literare, 2011)

2

DOBOȘ

Nume: Andrei Doboș

Data nașterii: 6 august 1984

Locul nașterii: Turda

Domiciliu actual: Florești, Cluj

Cărți publicate: *mănăștur story* (Vinea, 2007), *Inevitabil* (Casa de pariuri literare, 2011), *Valea rea* (Cartea Românească, 2015), *Spiro* (Charmides, 2016)

2

DOBOȘ

Name: Andrei Doboș

Geburtsdatum: 6. August 1984

Geburtsort: Turda

Derzeitiger Wohnort: Florești, Cluj

Publizierte Bücher: *mănăștur story* (Vinea, 2007), *Inevitabil* (Casa de pariuri literare, 2011), *Valea rea* (Cartea Românească, 2015), *Spiro* (Charmides, 2016)

*

Las omul-reptilă să fie omul-reptilă.
Închid ochii după sacadă, iar cerul
întunecat dis-de-dimineață stă fix.
S-a vorbit tot timpul despre muncă
s-a vorbit tot timpul despre libertate
s-a vorbit tot timpul despre bunăstare.
Jocul ăsta dă în clocot, iar oala-n
care fierbe a-nceput deja să se clatine.
Nu ies din casă, nu caut companie,
nu am companie, nu am. Ce fericire
să am, cînd bolile așteaptă
adînc în structură, psihoza la suprafață
Dacă deschide unul gura, dacă deschid
eu gura, velociraptori pîndesc
și atacă fără milă.
Acum cu taraba, mușcătura
de gît, purcoiul de bani
care se revarsă sau nu.
Iradiații șuieră cîntecul.
Dar nu e diferență și nici vină.
Eu stau în casă,
nu caut companie.

(*Inevitabil, Casa de pariuri literare, 2011*)

*

Ich lasse den Reptilienmenschen Reptilienmensch sein.
Ich schließe die Augen nach einer Sakkade,
und der dunkle Himmel frühmorgens steht still.
Es wurde die ganze Zeit über Arbeit gesprochen
es wurde die ganze Zeit über Freiheit gesprochen
es wurde die ganze Zeit über Wohlstand gesprochen.
Dieses Spiel beginnt zu brodeln, und der Topf, in
dem es kocht, fängt bereits an zu wackeln.
Ich gehe nicht aus dem Haus, ich suche keine Gesellschaft,
ich habe keine Gesellschaft, ich hab keine. Was für ein Glück
welche zu haben, wenn die Krankheiten tief
in der inneren Struktur warten, an der Oberfläche die Psychose
Wenn einer den Mund aufmacht, wenn ich
den Mund aufmache, lauert irgendein Velociraptor
und greift ohne Mitleid an.
Jetzt mit dem Verkaufsstand, dem Biss
in den Hals, dem Haufen Zaster,
der sich türmt oder nicht.
Die Bestrahlten zischen das Lied.
Es gibt keinen Unterschied und auch keine Schuld.
Ich bleibe zuhause,
ich suche keine Gesellschaft.

(*Inevitabil,* Casa de pariuri literare, 2011)

Diomid

Plouă joia în Florești – la Muntele Rece –
plouă în Geoagiu,
dis-de-dimineață
ți-o intrat apă în adidași
s-o umflat valea Gîrbăului
o rupt canalizarea,
s-or umflat pîraiele
cu hoaspe și lîna broaștei
or dat pe-afară bulbucate.
Plouă pe asfalt, plouă pe țigle
plouă pe coroanele negre și rare,
mi-am luat cușma și pufoaica de maistru
mi-o intrat apă în adidași

mi-or intrat hoaspe și nisipuri,
plouă cu șiroaie, plouă cu șpreiuri rogvaive
peste rulotele de circ și peste macarale;
apele umflate or rupt canalizarea
la Geoagiu,
plouă în cafeaua uitată pe balcon
și în scrumieră
spume și sfară
dis-de-dimineață
pe Muntele Rece;
plouă în Florești joia
vine părăul de pe deal
vine dealul, apa leopotește în cizme,
aparatele de măsurat sunt leoarcă.

Diomid

Es regnet donnerstags in Florești – in Muntele Rece –
es regnet in Geoagiu,
am frühen Morgen
deine Turnschuhe voll Wasser
Valea Gîrbăului hat sich mit Wasser gefüllt
es hat die Kanalisation gesprengt,
die Bäche sind angeschwollen
das Wasser ist samt Treibzeug und Grünalgen
brodelnd aus den Fugen geraten.
Es regnet auf den Asphalt, es regnet auf die Dachziegel
es regnet auf die schwarzen und kahlen Baumkronen,
ich habe mir die Mütze und die wattierte Arbeitsjacke übergezogen
meine Turnschuhe voll Wasser

voll Treibzeug und Sand,
der Regen fällt in Strömen, der Regen sprayt roggbiv
über die Zirkuswohnwagen und über die Kräne;
das wild gewordene Gewässer hat in Geoagiu
die Kanalisation gesprengt,
es regnet in den Kaffee, der draußen am Balkon vergessen wurde
und in den Aschenbecher
Schaum und stechender Rauch
am frühen Morgen
in Muntele Rece;
es regnet donnerstags in Florești
der Bach stürzt sich den Hügel hinunter
der Hügel stürzt sich dem Bach hinterher, Wasser gluckert in den Stiefeln,
die Messgeräte sind triefend nass.

Plouă pe lac, plouă pe barajul de acumulare
și pe caterpillar,
se ridică aburii, vin păraie
vîrtoase cu lîna broaștei și capoate
dis-de-dimineață
în Geoagiu,
Mi-am luat cușma și pufoaica de maistru

(*Valea rea,* Editura Cartea Românească, 2015)

Es regnet auf den See, es regnet auf den Speicherdamm
und auf den Raupenkran,
der Dampf steigt, Sturzbäche
brechen herab, samt Grünalgen und Laichkraut,
am frühen Morgen
in Geoagiu
Ich habe mir die Mütze und die wattierte Arbeitsjacke übergezogen

(*Valea rea*, Editura Cartea Românească, 2015)

Răsturnat în iarbă

Dezgustul și frica de omul care sunt
m-au făcut omul care sunt.
Uite acolo
un proiect
răsturnat în iarbă
– mijlocul verii –
se rotesc ulii, sus
iregulat, rîndunici.
Dă-mi, Doamne, capul fetei care nu a făcut diferența
dintre cireș și vișin.
Că am mai și rîs
nu cu toată gura
dar am rîs.

(*Valea rea*, Editura Cartea Românească, 2015)

Ins Gras gekippt

Die Abscheu und die Angst vor dem Menschen, der ich bin,
haben mich zu dem Menschen gemacht, der ich bin.
Sieh mal
ein Projekt
ins Gras gekippt
– mitten im Sommer –
die Geier kreisen, oben
dann und wann, die Schwalben.
Gib mir, oh Herr, den Kopf des Mädchens, das nicht unterscheiden konnte
zwischen einem Kirschbaum und einem Weichselbaum.
Ich hatte ja auch noch gelacht
nicht mit dem ganzen Mund
aber gelacht.

(*Valea rea*, Editura Cartea Românească, 2015)

Aforisme și sfaturi

Activează-te.
Meditează: fără obiect.
Cu obiect: de ex. pe florile
din bucătăria socrilor
a doua zi de Crăciun.

Găsește o sangha de bar
Discutați mult despre liniștea minții.
Beți multă bere (uneori ceai).
Certați-vă.
Nu mai vb. niciodată.

Însoară-te
dar să nu faci copii (e imoral).
Ascunde-te prin încăperi
fermentează
între cărți.
Numără silabe
potrivește vibrații.

Ieși cît mai des în natură.
Apucă o crenguță înflorită de măr
înțelege freamătul lipsit de speranță
al universului.

Dezactivează-te.
Fă bani.
Risipește banii.

Aphorismen und Ratschläge

Aktiviere dich.
Meditiere: ohne Gegenstand.
Mit Gegenstand: konzentriere dich z. B. auf die Blumen
in der Küche deiner Schwiegereltern
am zweiten Tag nach Weihnachten.

Finde eine Sangha-Bar
Redet viel über die Ruhe des Geistes.
Trinkt viel Bier (manchmal Tee).
Streitet miteinander.
Sprecht nie wieder miteinander.

Heirate
aber mach keine Kinder (es ist unmoralisch).
Verstecke dich in Räumen
fermentiere
unter Büchern.
Zähle Silben
passe Schwingungen an.

Geh so oft wie möglich hinaus in die Natur.
Greife nach dem blühenden Zweig eines Apfelbaums
verstehe das hoffnungslose Rauschen
des Universums.

Entspanne dich.
Mach Geld.
Verschwende das Geld.

Spune în gînd: dă-mi, Doamne, o sinecură,
un post de funcționar mărut pe viață
ca lui Bacovia.

Branșează-te la o energie mai puternică decît tine.

Activează-te pe sex.
Salvează ce se mai poate salva
dintr-o adolescență de băiat de altar.
Lasă-te posedat de zeitatea care le înmoaie oasele.

Fă totuși copii.
Divorțează.

Dansează cum n-ai mai dansat din liceu.

Îndrăgostește-te,
din tine să nu mai rămînă
piatră pe piatră.

Crede că înțelegi ceva mai mult din asta
Încearcă să gestionezi situația (cretinule).

Dispari.
Apoi întoarce-te

Muncește mult.
Muncește să uiți.

Sprich in Gedanken: Gib mir, oh Herr, eine Sinekure,
ein müheloses, lebenslanges Beamtendasein
wie einst dem Poeten Bacovia.

Verbinde dich mit einer Energie, die stärker ist als du.

Aktiviere dich mit Sex.
Rette, was noch zu retten ist
aus einer Jugend als Ministrant.
Lass dich von jener Gottheit besitzen, die ihnen die Knochen aufweicht.

Mach trotzdem Kinder.
Lass dich scheiden.

Tanze, wie du es seit deiner Schulzeit nicht mehr getan hast.

Verliebe dich,
es soll von dir kein Stein
auf dem anderen bleiben.

Glaube, dass du mehr von dieser ganzen Sache verstehst
Versuche, die Situation zu meistern (du Trottel).

Verschwinde.
Dann komm zurück

Arbeite viel.
Arbeite, damit du vergisst.

Roagă-te uneori
de frică.

Mai scrie
cîteva poezii. Răvășește-i pe unii.
Măcar înduioșează-i
(cît un sandvici de școlar
cu pateu și castraveți murați
împachetat cu grijă în șervețele).

Regăsește cîțiva prieteni vechi
căutați locuri cunoscute, din trecut.
Vorbiți mult despre cine sînteți.

Iar apoi, într-o dimineață oarecare
găsește o stradă cu soare leneș, pe care n-ai mai fost.

Plimbă-te mahmur cu o cafea de la dozator în mînă.

Oamenii să fie fericiți, să plutească spre servicii.

Soarele să aibă gust de apă tonică și glas de pescăruș.
Iar tu să dispari,
să dispari fără urmă.
Dispari de tot.
Dispari.

(*Spiro,* Editura Charmides, 2016)

Bete manchmal
aus Angst.

Schreibe
noch ein paar Gedichte. Wühle einige Menschen auf.
Berühre sie zumindest
(so sehr wie ein Pausenbrot
mit Leberpastete und sauren Gurken
fein säuberlich in Servietten gewickelt).

Finde ein paar alte Freunde wieder
sucht bekannte Plätze auf, aus der Vergangenheit.
Sprecht viel darüber, wer ihr seid.

Und dann, an irgendeinem Morgen
finde eine Straße, auf der du noch nie warst und wo die Sonne träge scheint.

Geh spazieren, verkatert, mit einem Kaffee vom Automaten in der Hand.

Die Menschen sind glücklich, sie schweben in die Arbeit.

Die Sonne schmeckt nach Tonic Water und hat die Stimme einer Möwe.
Und du verschwindest,
verschwindest spurlos.
Verschwindest völlig.
Verschwindest.

(*Spiro*, Editura Charmides, 2016)

Clu

Îmi pare rău că n-am reușit
să țin lumea întreagă
pentru tine,
nu sînt unul dintre cei nouă maeștri ascunși
care țin lumea întreagă,

meditația mea
nu funcționează.

Îmi pare rău
că nu m-am mutat cu tine la țară
că nu știu să cînt la chitară
și nu am voce (nu desenez)
că abia dansez,

îmi pare rău că nu vom vedea niciodată
ceața albastră a muntelui în zori,
îmi pare rău pentru fiecare zi
ce trece în necaz
și lipsă de sens,

îmi pare rău cînd cineva apare
și-ți recomandă ceai de sunătoare.

Pentru ascundere.
Pentru orașul ce-ți dizolvă teleomerii.

Clu

Es tut mir leid, dass ich es nicht geschafft habe,
für dich
die ganze Welt zu tragen,
ich bin keiner jener neun geheimen Meister,
die die ganze Welt in ihren Händen halten,

meine Meditation
funktioniert nicht.

Es tut mir leid,
dass ich nicht mit dir aufs Land gezogen bin,
dass ich nicht weiß, wie man Gitarre spielt,
und dass ich keine gute Stimme habe (ich zeichne nicht)
ich tanze kaum,

es tut mir leid, dass wir den blauen Nebel des Berges
bei Tagesanbruch nie sehen werden,
es tut mir leid für jeden Tag,
der im Leid
und ohne Sinn vergeht,

es tut mir leid, wenn jemand aufkreuzt
und dir Johanniskraut als Tee empfiehlt.

Für das Verstecken.
Für die Stadt, die deine Telomere auffrisst.

Sînt vinovat
înaintea celulelor tale,

floarea soarelui
îmi arde privirea,
roșeața primilor trandafiri
îmi arde privirea.

Soarele amar
ce-ți înfășoară creștetul
îmi arde privirea,

fericirea eternă a unui cuib de viespi
îmi arde privirea.

Îmi pare rău că nu pot să spun
decît ce e în capul meu
și nu pot s-o spun decît atît
cît pot eu s-o spun de bine.

Îmi pare rău pentru posibilitate, pentru rezonanță, expansiune.
Pentru retractilitate.

Îmi pare rău de arta mea
insuficientă (care ție nu-ți place).
De clasa mea socială.
Îmi pare rău pentru ploaia asta de vară
(pt. toate ploile de vară).

Ich bin schuld,
noch vor deinen eigenen Zellen,

die Sonnenblume
versengt mir den Blick,
die Röte der ersten Rosen
versengt mir den Blick.

Die bittere Sonne,
die dein Haupt umschlingt,
versengt mir den Blick,

das ewige Glück eines Wespennests
versengt mir den Blick.

Es tut mir leid, dass ich nur das sagen kann,
was ich denke,
und dass ich es nur so sagen kann,
wie ich es eben am besten sagen kann.

Es tut mir leid für die Möglichkeit, für die Resonanz, für die Expansion.
Und für die Retraktion.

Es tut mir leid für meine
unzureichende Kunst (die du nicht magst).
Für meine Herkunft.
Es tut mir leid für diesen Sommerregen
(f. alle Sommerregen).

Îmi pare rău de muzică,
de nori, de iarba cu flori din parc,
îmi pare rău de cîini.
Îmi pare rău de oameni săraci și de soare:
de cîrcei și lujeri ce se leagănă-n soare.

(*Spiro*, Editura Charmides, 2016)

Es tut mir leid für die Musik,
für die Wolken und das Gras voller Blumen im Park,
es tut mir leid für die Hunde.
Es tut mir leid für arme Menschen und für die Sonne:
für Ranken und Triebe, die sich in der Sonne wiegen.

(*Spiro,* Editura Charmides, 2016)

3

DÓSA

Nume: Andrei Dósa

Data nașterii: 7 februarie 1985

Locul nașterii: Brașov

Domiciliu actual: București

Cărți publicate: *Când va veni ceea ce este desăvârșit* (Tracus Arte, 2011), *American Experience* (Cartea Românească, 2013), *Nada* (Pandora M, 2015), *Adevăratul băiat de aur* (Casa de Editură Max Blecher, 2017)

3

DÓSA

Name: Andrei Dósa

Geburtsdatum: 7. Februar 1985

Geburtsort: Kronstadt

Derzeitiger Wohnort: Bukarest

Publizierte Bücher: *Când va veni ceea ce este desăvârșit* (Tracus Arte, 2011), *American Experience* (Cartea Românească, 2013), *Nada* (Pandora M, 2015), *Adevăratul băiat de aur* (Casa de Editură Max Blecher, 2017)

Adorație

Îi spun mamei că mă doare acolo jos.
Mă ia de mână și mă conduce la fereastră.
Îmi scoate chiloții, mă examinează.
În căldura soarelui pielea scrotului
se strânge, se rotește
ca o bucată de hârtie sub care mocnește jarul.
O rădăcină iese din pământ,
un capăt de pod suspendat în aer
începe să trepideze.
Cineva sau ceva se apropie.
Uruitul transformatoarelor se întețește.
Fascicule negre baleiază pe fața mamei.
Privește fascinată, lăsată în genunchi.
Chipul ei este prea aproape.
Mi-e teamă că aș putea să îi șterg trăsăturile.

(*Când va veni ceea ce este desăvârșit,* Editura Tracus Arte, 2011)

Anbetung

Ich sage Mutter, dass es mir dort unten weh tut.
Sie nimmt mich bei der Hand und führt mich zum Fenster.
Sie zieht mir die Unterhose aus, sie untersucht mich.
In der Wärme der Sonne zieht sich
die Haut des Hodensacks zusammen, sie dreht sich ein
wie ein Stück Papier, das auf lodernder Glut liegt.
Eine Wurzel ragt aus der Erde empor,
ein in der Luft schwebendes Brückenende
fängt an zu beben.
Jemand oder etwas kommt näher.
Das Brummen der Trafoanlage nimmt an Lautstärke zu.
Dunkle Lichtstreifen gleiten über Mutters Gesicht.
Sie schaut fasziniert, vor mir hingekniet.
Ihr Gesicht ist zu nahe.
Ich fürchte, ich könnte ihre Gesichtszüge verwischen.

(*Când va veni ceea ce este desăvârșit,* Editura Tracus Arte, 2011)

online

google este tatăl meu
de la el am învățat cum se face
nodul la cravată

am apelat la el
de mai multe ori într-o singură zi
decât la tata în toată viața mea

eu și cu tata
plutim în derivă prin spațiul virtual
ne mai trimitem câteodată mailuri
el îmi trimite anecdote misogine
și ecuații al căror rezultat final este
femei egal probleme
eu îi trimit teste de atenție și aplicații
care îți determină vârsta creierului

to: tata
subject: [No subject]

am citit undeva pe net că
anul acesta se vor genera
4 exabiți de informație unică
vom fi mai conectați ca niciodată

(*Când va veni ceea ce este desăvârșit,* Editura Tracus Arte, 2011)

online

google ist mein vater
von ihm habe ich gelernt wie man
einen krawattenknoten bindet

ich habe ihn an einem einzigen tag
viel öfter um rat gefragt
als meinen vater in meinem ganzen leben

ich und mein vater
wir treiben uns im virtuellen raum herum
hin und wieder senden wir einander e-mails
er schickt mir frauenfeindliche anekdoten
und gleichungen mit dem endergebnis
frauen ist gleich probleme
ich schicke ihm aufmerksamkeitstests und apps
die das alter des gehirns bestimmen können

an: vater
betreff: [kein betreff]

ich habe irgendwo im netz gelesen
dass dieses jahr 4 exabyte an
einzigartiger information produziert werden
wir werden mehr denn je verbunden sein

(*Când va veni ceea ce este desăvârșit,* Editura Tracus Arte, 2011)

tatiana cântă-ne ceva

când am cunoscut-o tatiana schimbase
lenjeria dăduse cu aspiratorul curățase baia
după câteva mii de americani și străini
mă întrebam ce va face în dimineața plecării spre
vermont unde se duceau și ceilalți basa
să lucreze la negru în industria laptelui și să plătească
un comision de doi dolari pe oră rakeților
de la manpower moldova singura modalitate
de a obține caimac în vermont ce va face tatiana
înainte să-și amestece fluidele corporale
cu vreun redneck pentru a obține cetățenia
va lăsa totul vraiște în camera de hotel unde
au cazat-o pe timpul contractului sau va lucra profi
așa cum a făcut-o în camerele ocupate de străini?

colegii mei de muncă o invitaseră la un BBQ
a mâncat când a fost rugată s-a alăturat la fotografia de grup
când a fost rugată n-a băut niciun strop
a doua zi s-a trezit prima a umblat desculță prin iarba
pe care nici picioarele ei nici roua nu reușeau s-o facă
să pară adevărată învârtind o floricică între degete și
a cîntat ceva cu mama ceva trist floricica și felul în care
se legăna erau din tezaur folcloric dar picioarele o purtau
obișnuite cu suprafața și limitele unei camere de hotel

(*American Experience,* Editura Cartea Românească, 2013)

tatiana sing uns etwas vor

als ich sie kennenlernte hatte tatiana nach tausenden
amerikanern und ausländern die bettwäsche
gewechselt staubgesaugt das badezimmer geputzt
ich fragte mich was sie wohl am morgen der abreise nach
vermont tun würde wo auch die anderen moldauer hinreisten
um für die milchindustrie schwarz zu arbeiten und zwei dollar
pro stunde vermittlungsprovision an die mafiatypen
von manpower moldova zu zahlen die einzige möglichkeit
in vermont kaymak herzustellen was wird tatiana machen
bevor sie ihre körperflüssigkeiten mit irgendeinem redneck
vermischt um die staatsbürgerschaft zu erhalten
wird sie ein großes durcheinander in ihrem hotelzimmer haben in dem man sie
für die dauer ihres vertrages untergebracht hat oder wird sie wie ein profi aufräumen
so wie früher in jenen zimmern die von fremden bewohnt wurden?

meine arbeitskollegen hatten sie zu einem BBQ eingeladen
sie aß als sie gebeten wurde sie machte beim gruppenfoto mit
als sie gebeten wurde sie trank keinen einzigen tropfen
am nächsten tag wachte sie als erste auf und lief barfuß durch das gras
das weder ihre füße noch der morgentau echt
erscheinen lassen konnten sie zwirbelte eine kleine blume zwischen den fingern und
sang etwas über mutter etwas trauriges die kleine blume und die art wie sie sich
hin und her wog waren volkstümlich aber ihre füße folgten wie gewohnt
dem umriss und den grenzen eines zimmers im hotel

(*American Experience,* Editura Cartea Românească, 2013)

* * *

Amorul nostru carele ești în amor,
amor numele tău, amor împărăția
ta, amor voia ta, precum în amor,
așa și pe amor. Dă-ne nouă astăzi
amorul nostru cel de toate zilele
și ne amor nouă greșelile noastre,
precum și noi amor greșiților
noștri, și nu ne amor pe noi în
amor, ci ne izbăvește de amor,
pues amor. Slavă ție, dragoste
plină de dragoste, dragostea fie
cu tine

(*Nada,* Editura Pandora M, 2015)

* * *

Unser Amor, der du bist im Amor,
Amor dein Name, Amor dein Reich,
Amor dein Wille, wie im Amor,
so auch auf Amor. Unser täglich
Amor gib uns heute
und amor uns unsere Schuld,
wie auch wir amor unseren
Schuldigern, und amor uns nicht in
Amor, sondern erlöse uns von dem Amor,
pues amor. Gepriesen seist du, Liebe
voller Liebe, die Liebe sei
mit dir

(*Nada,* Editura Pandora M, 2015)

jingfan

o sută douăzeci la oră
pe segmentele în linie dreaptă
lanuri de floarea soarelui
abia trezite din narcoza
celor 8 ore de întuneric

galben aprins aproape murdar
pământ în mișcare oscilatorie
printre rânduri
până la turnurile de răcire

patru zeloți și diafana lor ocrotitoare
parcă abia ieșită din adolescență
pregătiți să-și îmbogățească sufletul
cu muzică nouă

senzația de certitudine cât de cât
că vom fi aici și peste 20 și peste 30 de ani
și cât de mult se vor mai diversifica
până atunci firele ce ne leagă de lume –

înșirate pe ele
stegulețe jingfan cu rugăciuni
scrise pentru slava și eliberarea sufletului nostru

(*adevăratul băiat de aur,* Casa de editură Max Blecher, 2017)

jingfan

hundertzwanzig kilometer pro stunde
auf den geradlinigen abschnitten
eben erst aus dem tiefschlaf
jener 8 stunden dunkelheit erwacht
sonnenblumenfelder

leuchtendes fast schmutziges gelb
schwingende erde
zwischen den reihen
bis hin zu den kühltürmen

vier zeloten und ihre wohl erst ihrer jugend
entwachsene zarte beschützerin
alle bereit ihre seele
mit neuer musik zu bereichern

das gefühl der sicherheit ein wenig zumindest
dass wir auch noch in 20 und in 30 jahren hier sein werden
und wie verschieden sich bis dahin jene fäden
gestalten werden die uns mit der welt verbinden –

an ihnen entlang
hängen jingfan – jene fahnen mit gebeten
zum ruhm und zur befreiung unserer seele geschrieben

(*adevăratul băiat de aur,* Casa de editură Max Blecher, 2017)

4

EFTIMIE

Nume: Gabi Eftimie

Data nașterii: 8 martie 1981

Locul nașterii: Luduș, Mureș

Domiciliu actual: Malmö, Suedia

Cărți publicate: *ochii roșii polaroid. acesta este un test* (Vinea, 2006), *nordul e o stare de spirit* (Charmides, 2014)

4

EFTIMIE

Name: Gabi Eftimie

Geburtsdatum: 8. März 1981

Geburtsort: Luduș, Mureș

Derzeitiger Wohnort: Malmö, Schweden

Publizierte Bücher: *ochii roșii polaroid. acesta este un test* (Vinea, 2006), *nordul e o stare de spirit* (Charmides, 2014)

eco

insomnie. ridicat brusc din pat. vise goale, fără amintiri.

vocea robotului de la telefon. sunetul airbagului
umflîndu-se și dezumflîndu-se după impact.
la tv un documentar pe un post specializat
„____delfinii, de pildă, sunt buni
vindecă bolnavii psihic
florile sînt frumoase____"

totul e ok
totul e f f ok

în cameră cineva aprinde luminile/ acesta a fost
momentul revenirii:
oamenii din ecran îmi întorc imediat privirea
conturul meu înmiit

în jurul meu explodează un coșmar în alb: fețele
strălucitoare de atîta rîs, de atîta vorbit
complacere stîngace
o planetă aparent nelocuită.
din punct de vedere tehnic, inerți, nemișcați.

oamenii își continuă drumul în sferele lor private,
cu grijă să nu se intersecteze

(*ochi roșii polaroid. acesta este un test,* Editura Vinea, 2006)

eco

schlaflosigkeit. plötzlich aus dem bett aufstehen. leere träume, frei von erinnerungen.

die stimme des anrufbeantworters. das geräusch des airbags
wie er sich nach dem aufprall aufbläst und wieder in sich zusammenfällt.
im fernsehen eine doku von einem spezialisierten sender
„____die delphine, zum beispiel, sind gut
sie heilen psychisch kranke menschen
die blumen sind schön____"

alles ist okay
alles ist ganz und gar okay

im zimmer schaltet jemand das licht an / das war
der moment der besinnung:
die menschen im bildschirm erwidern sofort meinen blick
meine vertausendfachten konturen

um mich herum explodiert ein alptraum in weiß: die gesichter
glänzend von so viel lachen, von so viel reden
linkische willfährigkeit
ein anscheinend unbewohnter planet.
aus technischer sicht träge, bewegungslos.

die menschen setzen ihre reisen in ihre privatsphären fort
und passen auf, dass sie sich nicht gegenseitig in die quere kommen

(*ochi roșii polaroid. acesta este un test,* Editura Vinea, 2006)

captivă în worldwideweb

ceva
care să mă bage într-o stare
vreau ceva – da ce vreau – știu că vreau ceva
                                        – da ce vreau
da – vreau să fac ceva

știu că trebuie să fac ceva dar ce
să mânînc ceva
bineînțeles să mănînc ceva
doar pentru plăcerea cu care desfac ambalajul
captivă în hiperspațiu

din coșul de gunoi îmi dau seama ce am mîncat

se pare că nu eu controlez asta

(oricum, de atunci, lartul îl beau așa
găuresc folia și beau prin gaură, în loc să dezlipesc
capacul, îl găuresc și beau așa)

s-ar putea să mor dacă nu mănînc
dar ce te distruge mai tare decît asta?

(*ochi roșii polaroid. acesta este un test,* Editura Vinea, 2006)

gefangen im world wide web

etwas
das mich in einen zustand versetzt
ich will etwas – aber was – ich weiß, dass ich etwas will
– aber was will ich denn
ja – ich will etwas tun

ich weiß, dass ich etwas tun muss, aber was
ich muss etwas essen
natürlich, ich muss etwas essen
alleine wegen dem vergnügen, mit dem ich die verpackung öffne
gefangen im hyperraum

der mistkübel lässt mich ahnen, was ich gegessen habe

anscheinend bin nicht ich diejenige, die das bestimmt

(ohnehin trinke ich seitdem meinen joghurt einfach so
ich mache ein loch in den deckel und trinke durch dieses loch, anstatt die folie
abzuziehen, mache ich ein loch hinein und trinke so)

ich könnte sterben, wenn ich nicht esse
aber gibt es denn etwas, das einen noch mehr zerstört als das?

(*ochi roșii polaroid. acesta este un test,* Editura Vinea, 2006)

Bucuria Inimii

Cu toți nervii intinși, încrețiți ca elasticele uzate, înjur pe o pistă de biciclete, în timp ce părăsesc zonele locuite și intru într-o zonă industrială unde nu mai calcă nimeni de ani buni, înjur urlînd în comunitatea „Bucuria Inimii" de la marginea orașului, cu case alipite și lămpi decorative la geam, căsuțe pentru păsări și mîncare, adăposturi, rîsete, bătăi cu perne, jucării spînzurate pe candelabru învîrtindu-se deasupra unui leagăn.

.fetiță blondă, aruncînd mingea de plajă spre cer.

Întindere de ape, argintiu și alb, suprafețe late, liniștitoare.
Emisiuni. Din cînd în când, arunc o privire spre geam, la umbra mea de dincolo. E un bătrîn în jur de optzeci de ani, care nu se mișcă de la fereastră decît seara cînd se duce la culcare. În rest, aproape că ne facem cu mîna, la opt dimineața suntem ready and able, ne luăm poziția de luptători. La lucha sigue!

Griul de afară e o placă de beton, dai cu capul de el.
Cred că are o formulă fixă:
100 grame de apă
145 grame de bioxid de carbon
1 omuleț la geam
vise casnice
quiet mountains, quiet dreams,
și, din cînd în cînd, rapoarte cu persoane dispărute.

În momente ca astea, concentrează-te pe peretele subțire,
la geamul și mai subțire care te desparte de furtuna de zăpadă de afară,

Freude des Herzens

Alle meine Nerven sind angespannt, sie kräuseln sich wie Gummibänder, und ich, auf dem Fahrradweg, schimpfe, während ich bewohnte Gegenden verlasse und in ein Industriegebiet hineinfahre, das seit Jahren kein Fuß mehr betreten hat; ich schreie meine Schimpftiraden in die Wohnsiedlung „Freude des Herzens" am Stadtrand, wo die Häuser dicht aneinanderkleben und Zierlampen in den Fenstern leuchten – Vogelhäuschen mit Futter, Zufluchtsorte, Lachen, Kissenschlachten, Spielzeug, das vom Kronleuchter herunterhängt und sich über einer Wiege dreht.

.ein kleines blondes Mädchen wirft seinen Wasserball zum Himmel.

Ein weiter Wasserspiegel, silbern und weiß, ausgedehnte, tröstende Flächen. Fernsehsendungen. Ab und an werfe ich einen Blick aus dem Fenster, auf meinen Schatten gegenüber. Es ist ein alter Mann, so um die Achtzig, der nur dann vom Fenster weggeht, wenn er sich abends schlafen legt. Ansonsten winken wir uns fast schon zu,
um acht Uhr morgens sind wir ready and able, wir nehmen unsere Kampfstellung ein.
La lucha sigue!

Das Graue da draußen ist eine Betonplatte, du läufst mit dem Kopf dagegen.
Ich glaube, dafür gibt es eine exakt bestimmte Formel:
100 Gramm Wasser
145 Gramm Kohlendioxid
1 kleiner Mensch am Fenster
häusliche Träume
quiet mountains, quiet dreams,
und, hin und wieder, Berichte über vermisste Menschen.

In solchen Momenten konzentriere dich auf die dünne Wand,
auf das noch dünnere Fenster, das dich vom Schneesturm da draußen trennt,

gîndește-te că are doar cinci centimetri,
că dacă n-ar exista, ai sta în mijlocul furtunii.
Gîndește-te la cît ți-ar fi de frig.

(*nordul e o stare de spirit,* Editura Charmides, 2014)

denk daran, dass sie nur fünf Zentimeter dick ist,
und dass du, wenn es sie nicht gäbe, mitten im Sturm stündest.
Denk daran, wie kalt es dir dann wäre.

(*nordul e o stare de spirit,* Editura Charmides, 2014)

Orașul de Mesteacăn I

Trăiești fără curent o lună.

Experimentezi în detrimentul sentimentului autentic,
experimentezi în detrimentul confortului.
Cu toate astea, comuniunea ta cu natura seamănă, cel mult, cu prezența
unei camionete vechi, uitate pe veci în mijlocul unei pășuni,
mîncată de rugină și năpădită cu o nepăsare senină de urzicile din jur.

Vindecarea naturii apare ca gest instinctiv, naiv; oare e prea tîrziu?
Las-o baltă.
Testezi gesturi și acțiuni copilăroase:
aplicarea leacurilor în mod forțat, împingi pe gîtul unui
copil medicamentul amar amestecat cu zahăr

În cădere liberă spre Orașul de Mesteacăn
admiri cu groază peisajul.
Te-ai deconectat, n-ai nici o șansă, ai pierdut legătura.
De acum încolo e silent disco pe veci.
Măcar de-ai avea un alt plămîn în apropiere la care să te conectezi.
Ce te sperie cel mai tare e primul lucru care îți trece prin cap:
oare ce se întîmplă cu corpul meu în gravitație zero dacă moare?
Se prăbușește pînă la urmă, după ani-lumină de cădere,
sau continuă să putrezească
în costumul ăsta de astronaut,
să se învîrtă în jurul Pămîntului alături de deșeurile de la stațiile orbitale?
Cînd o să intri în cîmpul gravitațional,
mai întîi o să-ți cadă tot părul, apoi o să se ducă toată culoarea.
Gravitația încearcă să te omoare.

Die Birkenstadt I

Du lebst ohne Strom, einen Monat lang.

Du experimentierst auf Kosten des echten Gefühls,
du experimentierst auf Kosten der Bequemlichkeit.
Trotzdem ähnelt deine Verbundenheit mit der Natur höchstens der Anwesenheit
eines alten Lastwagens mitten auf einer Weide, der dort für immer vergessen wurde,
den der Rost auffrisst und die Brennnesseln mit einer unschuldigen Gleichgültigkeit überwuchern.

Die Heilung der Natur wirkt wie eine instinktive, naive Geste. Ob es zu spät ist?
Lass es gut sein.
Du testest Gesten und kindliches Verhalten aus:
die Verabreichung von Heilmitteln unter Zwang, du steckst einem Kind
die bittere, mit Zucker vermischte Medizin in den Rachen

In freiem Fall zur Birkenstadt hinab
bestaunst du entsetzt die Landschaft.
Du hast die Verbindung gekappt, du hast keine Chance, du hast den Anschluss verloren.
Von nun an ist es silent disco, für immer.
Wenn du zumindest eine andere Lunge zur Hand hättest, an die du dich anschließen könntest.
Was dich am meisten erschreckt, ist das Erste, was dir durch den Kopf geht:
Was passiert denn mit meinem, in der Schwerelosigkeit schwebenden Körper, wenn er stirbt?
Wird er schlussendlich, nach Lichtjahren des Fallens, abstürzen
oder wird er in diesem Astronautenanzug
weiterhin verrotten,
wird er sich zusammen mit Abfällen von Raumstationen um die Erde drehen?
Wenn du in ein Gravitationsfeld gerätst,
fallen dir zuerst alle Haare aus, dann verschwindet alle Farbe.
Die Gravitation versucht, dich zu töten.

Sorry, dar ești doar un obiect greu care cade spre pămînt.
Consolează-te cu gîndul ăsta: cînd o să mori,
o să ningă surd cu globule albe,
iar tu o să dispari în întunericul frecvențelor radio
printre celelalte imagini-hologramă.

(*nordul e o stare de spirit,* Editura Charmides, 2014)

Sorry, aber du bist nur ein schwerer Gegenstand, der auf die Erde zu fällt.
Tröste dich mit diesem Gedanken: Wenn du stirbst,
wird es stumm weiße Blutkörperchen schneien,
und du verschwindest in die Dunkelheit der Funkfrequenzen
unter all den anderen Bildhologrammen.

(*nordul e o stare de spirit,* Editura Charmides, 2014)

În țările nordice există o boală numită alergie la electricitate

Let's dance! Let's sway!

Gazda e moartă, dar, cu toate astea, e tolerată încă de învelișul vechi. Descompus la nivel nano, un plămîn respiră regulat într-o vitrină plină de praf.
Ninge, dar pare că vine dinspre ecrane.
Mi-e ușor să-mi imaginez cum arăta locul ăsta în epoca preistorică, ce animele, plante și monștri luminoși fără nume se perindau pe aici, nu s-a schimbat mai nimic.
Cînd Astrul Suprem se învîrtește, oamenii se mișcă după el ca floarea-soarelui, ochii lor surîd în fața umbrei care se apleacă asupra lor dincolo de învelișul alterat, broboanele uleioase se tulbură și se colorează în purpuriu în lichidul menit să dea viață.
Pielea oamenilor se iluminează de dinăuntru cu neoane verzi, ghirlanda de beculețe din sistemul circulator se aprinde, mîna trasează conturul alb îngroșat în jurul gurilor carbonizate.
Oamenii închid ochii, trag pe față masca de scafandru și pășesc liniștiți sub apă spre casele lor
Lămpile de la geam le arată drumul.

(*nordul e o stare de spirit,* Editura Charmides, 2014)

In den nordischen Ländern gibt es eine Krankheit mit dem Namen Elektrosensibilität

Let's dance! Let's sway!

Der Wirt ist tot, dennoch toleriert ihn seine alte Hülle. Auf Nanogröße zersetzt,
atmet gleichmäßig eine Lunge in einem staubigen Schaukasten.
Es schneit, aber der Schnee scheint von den Bildschirmen zu kommen.
Es fällt mir leicht, mir vorzustellen, wie dieser Ort im prähistorischen Zeitalter ausgesehen hat,
welche Tiere, Pflanzen und leuchtende, namenlose Monster hier unterwegs waren,
es hat sich fast nichts verändert.
Wenn der allmächtige Stern sich dreht, folgen ihm die Menschen wie Sonnenblumen,
ihre Augen lächeln vor dem Schatten, der sich jenseits ihrer verwesenden Hülle über sie
neigt, die schmierigen Tropfen werden trübe und färben sich purpurn in dieser
doch lebenspendenden Flüssigkeit.
Die Haut der Menschen wird mit grünen Neonlampen von innen durchleuchtet,
die Lichterkette ihres Kreislaufes leuchtet auf, die Hand zieht die dicken weißen Konturen
um die verkohlten Münder nach.
Die Menschen schließen die Augen, sie ziehen sich die Tauchermaske über das Gesicht und
schreiten ruhig unter Wasser nach Hause.
Die Lampen an den Fenstern weisen ihnen den Weg.

(*nordul e o stare de spirit,* Editura Charmides, 2014)

5

LEAC

Nume: V. Leac

Data nașterii: 3 iunie 1973

Locul nașterii: Năsăud

Domiciliu actual: București

Cărți publicate: *Seymour: sonată pentru cornet de hârtie* (Hartmann, 2005; Vinea, 2006, 2013), *Dicționar de vise* (Cartea Românească, 2006), *Lucian (un experiment)* (CDPL, 2009), *Toți sunt îngrijorați* (TracusArte, 2010, 2015), *Unchiul este încântat* (Charmides, 2013)

5

LEAC

Name: V. Leac

Geburtsdatum: 3. Juni 1973

Geburtsort: Năsăud

Derzeitiger Wohnort: Bukarest

Publizierte Bücher: *Seymour: sonată pentru cornet de hârtie* (Hartmann, 2005; Vinea, 2006, 2013), *Dicționar de vise* (Cartea Românească, 2006), *Lucian (un experiment)* (CDPL, 2009), *Toți sunt îngrijorați* (TracusArte, 2010, 2015), *Unchiul este încântat* (Charmides, 2013)

un bilet găsit de S. într-un roman gros, demodat

1. asta-i cam tot ce am putut găsi despre acest animal
preistoric.
alte cărți nu aveau, sper să te-ajute.
2. cutiile cu pește pane se țin la înghețat (nu la rece).
odată dezghețat, nu se
mai congelează! frigeți maximum 3 minute,
nu mai mult, pînă se rumenesc.
3. deodorantul e cadou (nu l-am cumpărat),
dacă nu-ți place, dă-l mai departe.
o să aibă cineva nas și pentru el. aaa era să uit –
să nu uiți să mergi la papagalu
ăla să-mi recuperezi clăparii.
nici nu vreau
să mă gîndesc
că nu i-aș mai
vedea vreodată.
4. banii sunt în *istoria europei* la pagina 241.
dacă trec examenul la germană te ții
de promisiune; nu ai uitat, da? gata, mă grăbesc
spre poștă să nu-nchidă acriturile
alea. abia aștept să-ți povestesc ce mi s-a întîmplat
în tren.
5. regret din suflet că n-ai apucat să ajungi
la constanța.
rămâne ca de obicei, nu?

(*Toți sunt îngrijorați,* Editura Tracus Arte, 2015)

ein zettel, den S. in einem dicken, altmodischen roman fand

1. das ist so ziemlich alles, was ich über dieses prähistorische tier
finden konnte.
andere bücher hatten sie nicht, ich hoffe, dass es dir hilft.
2. die schachteln mit paniertem fisch muss man einfrieren (nicht nur kühlen).
einmal aufgetaut, wird er
nicht wieder eingefroren! maximal 3 minuten braten
nicht länger, bis er eine goldbraune farbe annimmt.
3. das deo ist ein geschenk (ich habe es nicht gekauft),
wenn du's nicht magst, schenk's weiter.
irgendeine nase wird sich auch dafür finden. und fast hätte ich's vergessen –
vergiss nicht, den komischen vogel
aufzusuchen und meine schneeschuhe von ihm zurück zu holen.
ich will gar nicht
daran denken
dass ich sie nie
wiedersehen werde.
4. das geld ist in der *geschichte europas*, seite 241.
wenn ich die prüfung in deutsch schaffe, hältst du
dein versprechen? du hast es eh nicht vergessen, ja? so, fertig, ich muss schnell
zur post, bevor die sauren gurken dort zusperren.
ich kann es kaum erwarten, dir zu erzählen, was mir im zug
passiert ist.
5. ich bedauere es sehr, dass du es nicht geschafft hast,
nach constanța zu kommen
es bleibt wie gehabt, ja?

(*Toți sunt îngrijorați,* Editura Tracus Arte, 2015)

S. face o anchetă

Ce este literatura?

Literatura este o carte pe care doamna învățătoare o bagă în poșetă.
(B.A 8 ani)
Mie îmi plac desenele.
(F.M 6 ani)
Literatura este pentru copiii săraci care n-au calculator.
(C.T 10 ani)
Literatura este acasă la bunica în dulap.
(K.I 9 ani)
Literatura sunt resturi de mîncare.
(A.G 6 ani)
Literatura este Rățușca cea urîtă.
(T.M 8 ani)
Literatura este ceva... este ceva...
(I.S 7 ani)

Ce este un geniu?

Geniul este un om mic care intră pe ușă.
(M.D 6 ani)
Este un domn cu diplomat care are pe banchetă o păpușă și o broască țestoasă.
Broasca este moartă pentru că așa vrea doamna cu buline.
(J.B 8 ani)
Un geniu este un om care știe tot.
(C.L 8 ani)

S. macht eine Umfrage

Was ist Literatur?

Literatur ist ein Buch, das Frau Lehrerin in ihre
Tasche steckt.
(B.A., 8 Jahre alt)
Ich mag Zeichnungen.
(F.M., 6 Jahre alt)
Literatur ist für arme Kinder, die keinen Computer haben.
(C.T., 10 Jahre alt)
Literatur ist im Schrank zuhause bei der Oma.
(K.I., 9 Jahre alt)
Literatur sind Essensreste.
(A.G., 6 Jahre alt)
Literatur ist Das hässliche Entlein.
(T.M., 8 Jahre alt)
Literatur ist etwas... ist etwas...
(I.S., 7 Jahre alt)

Was ist ein Genie?

Ein Genie ist ein kleiner Mensch, der durch die Tür kommt.
(M.D., 6 Jahre alt)
Es ist ein Herr mit Aktentasche, der eine Puppe
und eine Schildkröte am Beifahrersitz hat.
Die Kröte ist tot, weil es die getupfte Frau so will.
(J.B., 8 Jahre alt)
Ein Genie ist ein Mensch, der alles weiß.
(C.L., 8 Jahre alt)

Geniul vine din Africa. El intră în casele oamenilor prin canale străine.
(A.S 7 ani)
Geniul este pe cale de dispariție. Se găsește în gheață,
pe insule dispărute și în
pantofi.
(A.S 7 ani)

Ce este inspirația?

Inspirația vine o dată cu trecerea timpului.
(D.V 7 ani)
Inspirația este Duhul care îți intră în sînge,
merge în creier și îți șoptește la ureche ce ai de făcut.
(G.P 8 ani)
Inspirația este cînd mă ajută sora mai mare la lecții.
(A.P 7 ani)
Inspirația este cînd nu ai ce face cu aerul.
(S.P 8 ani)
Cînd stai prea mult în baie, inspirația se vede la geam.
(A.G 7 ani)
Dacă vorbești cu cîinele, inspirația intră în el și dă din
coadă.
(M.T 9 ani)
Noi locuim la etajul 4. Nu avem inspirație.
(D.L 7 ani)

Ce este un autor?

Un autor este la televizor. El a fugit. S-a ascuns.
(C.D 7 ani)

Das Genie kommt aus Afrika. Es kommt über fremde Sender in die Häuser der Menschen.
(A.S., 7 Jahre)
Das Genie ist vom Aussterben bedroht. Man findet es im Eis,
auf verschwundenen Inseln und in
Schuhen.
(A.S., 7 Jahre alt)

Was ist Inspiration?

Inspiration kommt mit der Zeit.
(D.V., 7 Jahre alt)
Inspiration ist der Geist, der dir ins Blut geht,
ins Hirn steigt und dir ins Ohr flüstert, was du zu tun hast.
(G.P., 8 Jahre alt)
Inspiration ist, wenn mir die ältere Schwester bei den Hausaufgaben hilft.
(A.P., 7 Jahre)
Inspiration ist, wenn du mit der Luft gar nichts anfangen kannst.
(S.P., 8 Jahre)
Wenn du zu lange im Bad bist, sieht man die Inspiration am Fenster.
(A.G., 7 Jahre alt)
Wenn du mit dem Hund sprichst, geht die Inspiration in ihn hinein und
wedelt mit dem Schwanz.
(M.T., 9 Jahre alt)
Wir wohnen im 4. Stock. Wir haben keine Inspiration.
(D.L., 7 Jahre)

Was ist ein Autor?

Das ist der Täter im Fernsehen. Er ist weggelaufen. Er hat sich versteckt.
(C.D., 7 Jahre)

Este nenea Costel care frige castane.
(M.L 6 ani)
Autorul este un om gras.
(I.R 7 ani)
Autorul înseamnă să insiști, să fii activ.
(B.P 10 ani)

(*Toți sunt îngrijorați,* Editura Tracus Arte, 2015)

Das ist Onkel Costel, der Kastanien brät.
(M.L., 6 Jahre alt)
Der Autor ist ein dicker Mensch.
(I.R., 7 Jahre alt)
Autor bedeutet, beharrlich und aktiv zu sein.
(B.P., 10 Jahre alt)

(*Toți sunt îngrijorați,* Editura Tracus Arte, 2015)

your British sun

.au trecut cinci ani de când am rămas aici
obligat să-mi examinez continuu labele picioarelor
îmi scrii că ești în stare să faci un adevărat cult pentru el
și vederile lui cu karatiști care se antrenează pe vârfuri de stânci
spui asta pentru că ești prietena unui ilustrator
care te-a aburit vorbindu-ți despre mantia lui cu reacție
știi ce – toți avem un substitut în benzile desenate

pentru a afla mai multe trebuie să pătrundem în viața unui porc
asta spunea un american
nu există zombi   e doar astenia de primăvară
acum când derulez îmi închipui că-s vecinul tău
îmi imaginez că ești la mine în bucătărie
îți ascult poveștile
te admir cum tremuri plângi fumezi
îți ofer kafea pe urmă te dau afară
și alerg după tine pe scări

azi dacă mă întrebi
ți-aș spune același lucru
pentru că erai deprimată și aveai un zâmbet irezistibil
când mi-ai spus că ești rea și pervertită și dai cu gheruța
te-am îmbrățișat și-am rămas așa până noaptea târziu
drăguță și perversă
când mă-ntrebai:

your British sun

.es sind fünf jahre vergangen seitdem ich hiergeblieben bin
gezwungen meine füße unaufhörlich zu begutachten
du schreibst mir du könntest einen wahren kult machen
um ihn und seine postkarten mit karatekämpfern die auf felsvorsprüngen
trainieren
du sagst das weil du die freundin eines illustrators bist
der dich an der nase herumführte als er dir von seinem umhang mit raketenantrieb erzählte
weißt du was – in den comicheften finden wir alle unsere entsprechung

um mehr zu erfahren müssen wir in das leben eines schweines
eindringen
sagte einmal ein amerikaner
es gibt keine zombies das ist nur die frühlingsdepression
jetzt wo ich alles vor mir ablaufen lasse stelle ich mir vor dass ich dein nachbar bin
ich male mir aus dass du bei mir in der küche bist
ich höre deine geschichten
ich bewundere dich wie du zitterst weinst rauchst
ich biete dir kaffee an dann werfe ich dich hinaus
und laufe dir im stiegenhaus hinterher

wenn du mich heute fragst
würde ich dir das gleiche sagen
weil du deprimiert warst und ein unwiderstehliches lächeln hattest
als du zu mir sagtest du seist böse und verdorben und fahrest ab und an die krallen aus
ich umarmte dich und wir blieben so bis spät in die nacht
hübsch und pervers
als du mich fragtest:

Ceasurile pe care le cumperi ocazional
funcționează perfect în momentul tranzacției;
după 5 minute nu mai funcționează.
Au ceasurile un sentiment rasist
sau pur și simplu li se termină bateria după ce-s vândute?
Cum își manifestă orbii extazul?

Pe atunci tu făceai măști pentru teknival
eu inventam maxime pentru zâmbetul tău
(*fotoliul:* locul în care pleacă bătrânii în vacanță;
telecomanda: secretul unei căsnicii fericite;
dormitorul: aici te gândești serios la cât de outsider ești)
în ultima dimineață înaintea plecării ți-am spus
nu-ți face speranțe istoria se taie la montaj
ai jurat că-ți tatuezi asta pe coapsa stângă

acum eroul tău preferat are în mână o cană de ceai
pun albumul la loc în geamantan
sunt curat și fără vicii
aici e aproape ziuă.

(*Unchiul este încântat*, Editura Charmides, 2013)

Die uhren die man als gelegenheitsware bekommt
funktionieren perfekt beim kauf;
fünf minuten später funktionieren sie nicht mehr.
Steckt in den uhren ein rassistisches empfinden
oder geht ihnen einfach nur die batterie aus nachdem sie verkauft werden?
Wie verleihen blinde ihrer ekstase ausdruck?

Damals stelltest du masken für das teknival her
ich erfand sprüche um dir ein lächeln zu entlocken
(*der sessel:* dort machen alte leute urlaub;
die fernbedienung: das geheimnis einer glücklichen ehe;
das schlafzimmer: hier denkst du ernsthaft darüber nach was für ein outsider du bist)
am letzten morgen vor der abfahrt sagte ich zu dir
mach dir keine hoffnungen geschichte wird beim schnitt zurechtgestutzt
du schworst dir das an deinen linken oberschenkel tätowieren zu lassen

jetzt hält dein lieblingsheld eine tasse tee in der hand
ich packe das album zurück in den koffer
ich bin rein und frei von lastern
hier ist es fast schon morgen.

(*Unchiul este încântat,* Editura Charmides, 2013)

mă rog zilnic să aibă grijă de tine

.orice ți-aș fi spus tot identic ți-ar fi părut
știam că ești în altă parte și vei rămâne acolo
simulând superioritate și oboseală
simțeam că adică eram sigur c-o să mă îmbarc
p-un pescador și n-o să te mai văd ani întregi
am visat că ți-am dat o umbrelă cu un soare minuscul sub
să te încălzească prin Anglia aia verde și întunecată

Ce face cea mai îndrăzneață fată din lume?

eu l-am luat pe Jacky și-am plecat la plimbare
eram dispuși amândoi să mergem până în Rusia
am văzut un boschetar stând pe-o treaptă
în fața unei clădiri cu un troller albastru întredeschis
aproape de mânerul ridicat gata de plecare
trona o păpușă goală
fără păr și fără o mână
ei bine drăguțo
când am văzut-o am știut că eu sunt păpușa aia

i-am dat apă la arteziana din piață i-am udat labele
și-am plecat spre KF
un bar unde poți să-ți iei și câinele cu tine
n-am stat mult pe masă era un pliant:
„TURNUL RELICVELOR. ALTARUL INIMII, 24-26 iunie,
Arad. O prețioasă colecție a relicvelor sacre ale lui Buddha
și ale altor maeștri buddhiști face acum înconjurul lumii.
Turul oferă o rară oportunitate de a vedea aceste relicve

ich bete täglich dass er auf dich aufpasst

.egal was ich zu dir gesagt hätte für dich hätte es ganz gleich geklungen
ich wusste dass du woanders warst und dort bleiben würdest
überlegenheit und müdigkeit vorgebend
ich fühlte dass nein ich war sicher dass ich an bord
eines fischkutters gehen und dich für viele jahre nicht mehr sehen würde
ich träumte dass ich dir einen schirm mit einer winzigen sonne an der innenseite gab
die dich dort im grünen und trüben England wärmen sollte

Wie geht es denn dem mutigsten mädchen auf der ganzen welt?

ich schnappte mir Jacky und ging spazieren
wir wären beide bis nach Russland gelaufen
ich sah einen obdachlosen auf einer stiege
vor einem gebäude sitzen mit einem blauen halboffenen trolley
neben dem wie zum aufbruch herausgezogenen griff
thronte eine puppe nackt
ohne haare und ohne einen arm
nun ja süße
als ich sie sah wusste ich dass ich jene puppe war

ich gab ihm zu trinken vom springbrunnen am großen platz ich machte seine pfoten nass
und brach auf zum KF
einer bar wo man auch seinen hund mitnehmen kann
ich blieb nicht lange auf dem tisch lag eine broschüre:
„DER RELIQUIENTURM. ALTAR DES HERZENS, 24.-26. Juni,
Arad. Eine wertvolle Sammlung der heiligen Reliquien Buddhas
sowie anderer buddhistischer Meister befindet sich auf Weltreise.
Die Tour bietet eine seltene Gelegenheit, diese Reliquien zu sehen.

care au fost găsite în cenușa rezultată în urma incendierii
maeștrilor buddhiști, fiind esența realizărilor lor spirituale."

când nu te mai poți bucura de lucrurile mărunte ești
terminat
am plătit și-am ieșit în stradă
la semafor, în spatele meu, am auzit un copil:
mami, de ce câinele ăsta are picioarele așa scurte?
N-am auzit răspunsul pentru că s-a făcut verde
și-am plecat în viteză.

uneori noaptea mă găsești pe malul mureșului
întins pe nisipul fierbinte pierdut printre boscheți
acum îmi dau seama că în viața asta a mea
numai copacii și câinii nu m-au dezamăgit
cu câteva minute în urmă mi-a sărit o așchie în pleoapa
stângă
am fost atât de aproape să ajung pentru tine 1 pirat de apă
dulce
abandonat pentru totdeauna pe insula riscurilor

când lucrurile mărunte nu-ți mai spun nimic ești mort
alteori stau minute în șir pe bordură
cu gândul la hamsterul meu care aleargă în gol
și mă gândesc la tine și-ți spun
să nu plângi niciodată când hamsterul tău aleargă în gol

acum caută un loc și te adăpostește undeva
e rupere de nori
după ce se oprește ploaia și ies stelele

Sie wurden in der Asche gefunden, die nach dem Brand
bei den buddhistischen Meistern übrig blieb, und stehen für die Essenz ihrer
spirituellen Errungenschaften."

wenn du dich über die kleinen dinge nicht mehr freuen kannst bist du
erledigt
ich zahlte und ging hinaus auf die straße
hinter mir, bei der ampel, hörte ich ein kind sagen:
mutti, warum hat dieser hund solche kurzen beine?
Ich konnte die antwort nicht hören weil es grün wurde
und ich rasch weiterging.

an manchen nächten findest du mich am ufer des mieresch
ich liege dort im heißen sand verloren im gebüsch
jetzt erst wird mir klar dass mich in diesem meinem leben
nur die bäume und die hunde nicht enttäuscht haben
vor einigen minuten ist mir ein span aufs linke augenlid
geflogen
ich war so nahe dran für dich ein süßwasserpirat zu werden
für immer auf der insel der risiken zurückgelassen

wenn dir die kleinen dinge nichts mehr sagen bist du tot
manchmal sitze ich minutenlang auf der bordsteinkante
mit den gedanken an meinen hamster der ins leere läuft
und ich denke an dich und ich sage dir
weine nie wenn dein hamster ins leere läuft

jetzt such dir doch einen platz und stell dich irgendwo unter
es ist ein wolkenbruch
wenn der regen aufhört und die sterne sich wieder sehen lassen

mergi spre casă pe jos prin aerul răcoros al verii
în timp ce te dezbraci o să uiți tot filmul ăsta
te vei întinde și vei adormi
dimineața soarele o să-ți bată în geamuri
tu ai să deschizi fereastra zâmbind mai inocent ca
niciodată.

(*Unchiul este încântat,* Editura Charmides, 2013)

geh zu fuß nachhause in der kühlenden sommerluft
während du dich ausziehst wirst du diesen ganzen film vergessen
du wirst dich hinlegen und einschlafen
am morgen wird dir die sonne durchs fenster scheinen
und du wirst es öffnen und lächeln unschuldiger
denn je.

(*Unchiul este încântat,* Editura Charmides, 2013)

6

MOLDOVAN

Nume: Vlad Moldovan

Data nașterii: 9 noiembrie 1981

Locul nașterii: Baia Mare

Domiciliu actual: Florești, Cluj

Cărți publicate: *Blank* (Cartea Românească, 2008), *Dispars* (Cartea Românească, 2012), *Glitch* (Charmides, 2017)

6

MOLDOVAN

Name: Vlad Moldovan

Geburtsdatum: 9. November 1981

Geburtsort: Baia Mare

Derzeitiger Wohnort: Florești, Cluj

Publizierte Bücher: *Blank* (Cartea Românească, 2008), *Dispars* (Cartea Românească, 2012), *Glitch* (Charmides, 2017)

Nimic de văzut

De fapt nu-i nimic de văzut
afară poate se aglomerează
cineva uită poarta neîncuiată.
și acolo sânii ei când își ia tricoul de noapte
după perdea în lumină portocalie.
Nimic de văzut, sub mașină stă pregătită
pisica.
La trei străzi într-o tavernă înghețată noi
ne amețim cu sticlele în jur cu scrumiera pe vine.
Atenția vine din plictis care vine din melodia asta
    prea lungă
care vine dintr-o pălincă ratată care vin din bucuria
revederii chiar acum când ne așezăm și comandăm
o bere.
Nu-i chiar așa rău, nu-i nimic de văzut:
busculade de cartoane ude în curțile
pe lângă care am trecut.
Un beculeț verde aprins pe veci la calculator,
și cheagul întărit ce blochează pasta de dinți.
O mamă cheamă un Ionuț sus.
O tranzacție aproape încheiată în care
cineva a greșit la calcul.
Vine mașina spre tine dar de fapt vrea să parcheze.
Vine suta din bancomat,
pleacă suta pe țigări.
Chiar nimic – pe moment lași de la tine
    ca apoi să răbufnească,
unul prăjește chifteluțe la etajul 2 și n-o să moară

Nichts zu sehen

Eigentlich gibt es nichts zu sehen
draußen drängen sich vielleicht mehr Menschen auf die Straße
jemand vergisst, das Tor abzusperren.
und dort drüben, hinter dem Vorhang im orangefarbenen Licht,
ihre Brüste, als sie das T-Shirt zum Schlafengehen anzieht.
Nichts zu sehen – unter dem Auto sitzt die Katze
auf der Lauer.
Drei Straßen weiter, in einer eiskalten Kneipe, trinken wir uns
einen Rausch an, von Flaschen umgeben, den Aschenbecher am Schoß.
Die Aufmerksamkeit kommt von der Langeweile, die Langeweile
    von dieser viel zu langen Melodie,
die Melodie von einer verabsäumten Pálinka und sie alle
von der Wiedersehensfreude, die genau in dem Moment aufkommt,
wenn wir uns setzen und ein Bier bestellen.
Es ist nicht ganz so schlimm, es gibt nichts zu sehen:
nasse, ineinander gedrängte Kartons in den Höfen
an denen ich vorbei ging.
Ein grünes Lämpchen, das ewig am Computer leuchtet,
und der harte Pfropf, der die Zahnpastatube verstopft.
Eine Mutter ruft einen Ionuț, ihren kleinen Sohn, ins Haus.
Ein fast abgeschlossenes Geschäft, bei dem
sich jemand verrechnet hat.
Das Auto fährt auf dich zu, aber eigentlich will es nur parken.
Kommt der Hunderter aus dem Geldautomaten
ist der Hunderter wieder weg, für Zigaretten.
Wirklich nichts – für den Moment gibst du nach
    nur damit es später aus dir ausbricht,
im 2. Stock brät einer Fleischbällchen aus und er wird weder

de ciroză nici de diabet ci de insuficiență
în 20.
Eckhart Tolle îți arată cum să dezlegi nodul.
Nu-i nimic de văzut afară e extaz e de bine
și ne mătură în tranșee.

(*Blank,* Editura Cartea Românească, 2008)

an Leberzirrhose noch an Zuckerkrankheit sterben, sondern an Leberinsuffizienz,
in 20 Jahren.
Eckart Tolle zeigt dir, wie du deinen Knoten auflöst.
Es gibt nichts zu sehen draußen alles Ekstase ein gutes Zeichen
und wir in den Schützengräben werden niedergemetzelt.

(*Blank,* Editura Cartea Românească, 2008)

Romantik

Am fost în Paris
pe cheiul Senei
și am văzut pinguinii.
Crezusem că Omenirea
se investise atâtea secole
ca să mă simt eu comod.
Dar uite că vine Natura
și își descarcă revolverul în pieptul meu,
mă nimerește la glezne
și cad ca un sac plin cu Haribo:
„Te dai pe comparații nenorocitule!"
și se face nevăzută.
Nu mai apuc să-i
transmit Cifrul
nici să mă agăț de trenă
să-i susur Kabale.
Sare în taxi – „La hipodrom băiete că am deprimat"
Mă lasă tihnit
pe terasament
În timp ce compresorul
Se apropie apatic sau
alene
– un batik
nu vroia să plutească luat de vânt
ca în American Beauty.

(*Blank,* Editura Cartea Românească, 2008)

Romantik

Ich war in Paris
an den ufern der Seine
und sah die pinguine.
Ich hatte gedacht, die Menschheit hätte sich
so viele jahrhunderte lang engagiert
damit ich's bequemer habe.
Aber hier kommt die Natur
und entlädt ihre waffe in meine brust,
sie erwischt mich am knöchel
und ich falle um wie eine packung Haribo:
„Du stellst vergleiche an, du mistkerl!"
und sie stiehlt sich davon.
Ich komme nicht mehr dazu
ihr die Zahlenkombination durchzugeben
und auch nicht mehr dazu, mich an ihre schleppe zu hängen
ihr Kabale zuzuraunen.
Sie springt in ein taxi – „Zur pferderennbahn, mann, ich bin so deprimiert"
Sie lässt mich friedlich stehen
am weg bei den straßenarbeiten
Während sich der kompressor
apatisch oder
gemächlich nähert
– ein buntes tuch
vom wind in die luft gehoben, wollte nicht tanzen
wie in American Beauty.

(*Blank,* Editura Cartea Românească, 2008)

Tripon

Încerc să fiu sincer și
să nu le înfloresc.
Mi-am găsit o spărtură în zid
îmi vine până la umeri
și pot să scriu comod.
Soarele bate în dreapta mea
cum numai în septembrie poate bate –
o ia pe la spate trece de ierburi
se infiltrează sub pietre.
Sticla de bere stă în stânga mea
nu trebuie să mă întind prea tare
să o apuc.

Tocmai a trecut un biciclist
și după el o mașină.
Văd că gândim în posibilități
lumea se pliază domol
pe frumusețea lor zgrunțuroasă.

Nu am multe de spus:
cred că suntem niște maimuțe
care învață necontenit tehnici.
Tehnici foarte diferite
și stranii.
Unii le au cu socializarea.
Alții fac câte un lucru
și după aceea
povestesc despre el sau

Tripon

Ich versuche, ehrlich zu sein und
die Dinge nicht auszuschmücken.
Ich habe einen Spalt in der Wand gefunden
der mir bis zu den Schultern reicht
also kann ich bequem schreiben.
Die Sonne scheint zu meiner Rechten
wie sie nur im September scheinen kann –
sie schleicht sich von hinten an, durch die Gräser hindurch,
sie kriecht unter die Steine.
Die Bierflasche steht zu meiner Linken
ich muss mich nicht sehr strecken
um nach ihr zu greifen.

Gerade eben ist ein Radfahrer vorbeigefahren
und hintennach ein Auto.
Ich sehe, wir denken in Möglichkeiten
die Welt legt sich langsam
auf deren bröckelige Schönheit in Falten.

Ich habe nicht viel zu sagen:
ich glaube, wir sind Affen
die unaufhörlich Techniken erlernen.
Sehr unterschiedliche
und seltsame Techniken.
Manche haben's mit dem Sozialisieren.
Andere machen irgendeine Sache
und danach
erzählen sie von dieser Sache oder

îl analizează.
E safe.
E pentru schimb.
Un fel de mimetism hilar.
Și eu fac la fel.
Problema mea însă e
că sunt cam sălbatic.
Tehnicile mele nu se potrivesc
cu ale multor oameni.
Nu pot vorbi prea mult
pentru că mă hăpăie imensitatea
din ce în ce mai crudă.
Nu am răbdare să schimb
impresii dar am toleranță
iar uneori mă tem de
modurile voastre de desfășurare.

Eu aș zice că îs sălbatic
dar nu vreau să epatez și
nici să exagerez și dacă
nu sunteți de acord
aș lăsa de la mine imediat.

Sunt o fire molcomă
cam cum sunt câinii scunzi
de pe străduțele mărginașe.
Puțin bățos dacă mi se permite.
Puțin afectat sau evaziv dacă nu.
Dar credeți-mă înțeleg
destul de repede ce și cum
dictează sufletelul vostru.

sie analysieren sie.
Es ist safe.
Es ist zu Austauschzwecken.
Eine Art vergnügter Mimetismus.
Ich mache das Gleiche.
Mein Problem ist aber
dass ich ziemlich wild bin.
Meine Techniken passen nicht mit jenen
vieler anderer Menschen zusammen.
Ich kann nicht allzu viel sprechen
weil mich die immer grausamer werdende
Unermesslichkeit auffrisst.
Ich habe nicht die Geduld
Eindrücke auszutauschen, ich bin aber tolerant
und manchmal fürchte ich mich vor
eurer Art, euch zu entwickeln.

Ich würde sagen, dass ich wild bin
ich will aber nicht angeben und
auch nicht übertreiben und wenn
ihr nicht meiner Meinung wärt
dann gäbe ich euch sofort nach.

Ich habe ein sanftes Gemüt
so ähnlich wie die kurzbeinigen Hunde
in den kleinen Gassen am Stadtrand.
Ein wenig steif, wenn es mir erlaubt ist.
Ein wenig gekünstelt oder ausweichend, wenn nicht.
Glaubt mir aber, ich verstehe
ziemlich schnell, wie und was
eure kleine Seele diktiert.

Uneori, când am stat prea mult singur
mă entuziasmez rău de tot de
ceea ce scriu și cred că
e ceva nou
din care câțiva or
să știe ce să facă.
Dar nu sunt sigur aproape niciodată.
Însă sunt extatic
și mă umple
incredibil din afară
la fiecare milimetru de minunăție

îmi place muzica și
îmi place ce e miraculos
sunt multe lucruri cu adevărat miraculoase.
Numai dacă nu le-aș zburătăci
prin cuvintele conștiinței –
Așa îmi spun.
Așa mă îmbărbătez.

Știu că și eu ca o maimuță
ca și voi dacă m-aș confrunta
cu experiențele dificile ale vieții
dacă m-aș găsi într-o
situație de supraviețuire
mi-aș da arama pe față
adică aș face lucruri
nașpa și necesare.
Chestii mediocre sau
triste în sinceritatea lor

Manchmal, wenn ich zu lange alleine war
versetzt mich das, was ich schreibe
in helle Begeisterung und dann glaube ich
dass es etwas Neues ist
aus dem sich manche
einen Reim machen werden.
Ich bin aber fast nie sicher.
Trotzdem bin ich ekstatisch
und das erfüllt mich,
von außen, unglaublich,
mit Wunder, Millimeter um Millimeter

ich mag Musik und
ich mag das, was wunderbar ist
Es gibt viele wahrhaft wunderbare Dinge.
Wenn ich sie bloß nicht durch die
Worte des Bewusstseins aufscheuchen würde –
Das sage ich mir.
So muntere ich mich auf.

Ich weiß, dass auch ich, ein Affe
so wie ihr, mein wahres Gesicht zeigen würde,
sobald ich mich mit schwierigen
Lebenserfahrungen schlagen müsste
sobald es für mich
um Leben und Tod gehen würde
das heißt, ich würde
beschissene, notwendige Dinge tun.
Mittelmäßige Dinge oder
wegen ihrer Ehrlichkeit traurige Dinge

pe care le-aș uita destul de repede.
Dar nu mi se întâmplă așa
și mă pot considera
extrem de norocos că mă ține lumea
într-un cocon ciudat
și că am reușit până acum
să fentez „greutățile vieții" destul de bine.

Din postura asta vă vorbesc.
Ca un Extrasensibil
vă spun că e minunat.
Pentru că aura se arată prea des
într-un zid zdrelit, pe un acoperiș
spulberat de lumina lui septembrie.
Hăt sus în văzduh
ici și acolo sub streșini.

Divinația și liniștea
sunt virtuți gemene.
Divinația și liniștea
mă leagănă
de când am făcut ochi.

Am stat am citit ce am scris
puțin m-a furnicat puțin e ridicol
și după asta repede am văzut
nucul imens.
Pe trunchiul lui
apus face ce trebuie.

die ich ziemlich schnell wieder vergessen würde.
Aber so etwas passiert mir nicht
und ich kann mich außerordentlich
glücklich schätzen, dass mich die Welt
in einen seltsamen Kokon gepackt hält
und dass ich es bisher geschafft habe
„die Bürden des Lebens" ziemlich gut auszutricksen.

Von dieser Warte aus spreche ich zu euch.
Ich, ein Hochsensibler
sage euch, dass es wunderbar ist.
Weil der Nimbus zu oft in einer
aufgekratzten Mauer erscheint, auf einem Dach
aufgewirbelt durch das Licht eines Septembers.
Hoch oben in der Luft
da und dort unter den Dachrinnen.

Das Wahrsagen und die Ruhe
sind Zwillingstugenden.
Das Wahrsagen und die Ruhe
wiegen mich hin und her
seit ich auf der Welt bin.

Ich hielt inne ich las was ich geschrieben hatte
ein wenig ungutes Gefühl ein wenig lächerlich
und bald danach sah ich
den riesigen Nussbaum.
An seinem alten Stamm
tut das Geschriebene, was es soll.

Cred și cu asta termin
că unor oameni
le este dat să fie fericiți
în singurătatea lor meticuloasă.

(*Dispars,* Editura Cartea Românească, 2012)

Ich glaube, und damit schließe ich
dass es manchen Menschen bestimmt ist
in ihrer äußerst gründlichen Einsamkeit
glücklich zu sein.

(*Dispars,* Editura Cartea Românească, 2012)

The Session

Scumpă Odille,
fire firavă
e iunie
și încă ninge-n Paris.
Nu plânge Odille –
Dumnezeu veghează
noi ne jenăm
el se jenează.
Și moarte în Vegas
cofrajele-s goale
le punem în turnuri
să reazăme forja
ecou să răsune
cu scuba-n zăpadă.
Spre tine Odille,
O, valuri
tristețuri, ghețari
ca pavăză

(*Dispars,* Editura Cartea Românească, 2012)

The Session

Teure Odille,
zarteste Seele
es ist Juni
und noch fällt Schnee in Paris.
Nicht weinen, Odille –
über uns wacht der Herr
er ist beschämt
wir umso mehr.
Und Tod in Las Vegas
die Hohlformen leer
in Türmen verbaut
als Stützen der Schmiede
zum klangvollen Echo
im Schnee einzutauchen.
Zu dir, ach, Odille
O, Wellen
Betrübnis, ein Eisberg
zum Schutz

(*Dispars,* Editura Cartea Românească, 2012)

ANFP

ziuă simplă
ziuă mohorâtă
printre funcționari.
mă trezesc
și corpul știe
ce să facă.
mă feresc
dar nu de multe.
un gând trecu
care e următorul?
același,
mai trist.
apoi trafic
apoi iubirea
care nu mai răzbește
doar cât un firicel
susurând
în jos
injust, lângă mine.
când mă plimb
și uit de dosare
mă liniștesc și ninge
vine pisica la mine
să o mângâi
asta după ce m-am pacificat
a venit să o mângâi.
spiritele.

(*Glitch,* Editura Charmides, 2017)

ANFP [2]

einfacher tag
düsterer tag
unter beamten.
ich wache auf
und mein körper weiß
was er zu tun hat.
ich nehme mich in acht
aber nicht vor vielem.
ein gedanke ist vorbeigezogen
wie lautet der nächste?
gleich,
aber noch trauriger.
danach verkehr
danach die liebe
die es nicht mehr schafft
wie ein ganz dünner faden
hinunter
plätschernd
ungerecht, neben mir.
wenn ich herumgehe
und auf die aktenordner vergesse
beruhige ich mich und es schneit
die katze kommt zu mir
sie will gestreichelt werden
nachdem ich mit mir frieden geschlossen habe
ist sie gekommen damit ich sie streichle.
die geister.

(*Glitch,* Editura Charmides, 2017)

7

MOROȘAN

Nume: Cosmina Moroșan

Data nașterii: 31 octombrie 1989

Locul nașterii: Dorohoi, Botoșani

Domiciliu actual: Cluj-Napoca

Cărți publicate: *AgeSexLocationPLS* (Vinea, 2006), *beatitudine* (eseu politic) (Nemira, 2017)

7

MOROȘAN

Name: Cosmina Moroșan

Geburtsdatum: 31. Oktober 1989

Geburtsort: Dorohoi, Botoșani

Derzeitiger Wohnort: Klausenburg

Publizierte Bücher: *AgeSexLocationPLS* (Vinea, 2006), *beatitudine* (eseu politic) (Nemira, 2017)

Space

Urmărești privirea semi-curioasă spre roboțelul de la colțul străzii.
Cărarea e plină de șezlonguri
și gălețușe cu porumb; iese abur.

Pești cu ace, o flacără peste bucățelele de carne ca un
acoperământ.

Copiii la fundul piscinei fac dansul rechinilor.
Deasupra tuburi colorate, niște artificii explodând din apă.

Spațiul e improvizat pentru noi.
Când ne adunăm creăm și mai multă siguranță.

Cât mai departe de casă găsești senzații plăcute sau stranii;
neobișnuitul, acel ceva
de când ai sărutat scoarța copacului sau te-ai plesnit cu urzica
sub genunchi.
A durat fix 1 minut.

Dai din picioare pe masa de lemn.

Tot ce contează e sfera asta,
bucuria ta, o urmă de adidas în iarbă
printre legume de plastic rostogolite pe linoleum.

Lângă măslinele care plutesc în punga de apă e casca
luptătorului,

Space

Du folgst dem leicht neugierigen Blick zum kleinen Roboter an der Straßenecke.
Der Weg steht voller Liegestühle
und Kübel mit gekochtem Mais: der Dampf steigt auf.

Fische an Haken, eine Flamme um die kleinen Stücke Fleisch,
wie eine Hülle.

Die Kinder am Boden des Schwimmbeckens spielen den Tanz der Haie nach.
An der Oberfläche schwimmen bunte Schläuche, ein farbiges Feuerwerk,
das aus dem Wasser schießt.

Dieser Raum wurde für uns improvisiert.
Wenn wir uns zusammenschließen, schaffen wir noch mehr Sicherheit.

Weit, ganz weit weg von zuhause findest du angenehme oder befremdliche Eindrücke;
das Ungewöhnliche, jenes gewisse Etwas
als du die Rinde des Baumes küsstest oder dir eine Brennnessel
an die Kniekehle schlugst.
Es dauerte genau 1 Minute.

Du sitzt auf dem Holztisch und lässt die Füße baumeln.

Alles, was zählt, ist dieser Umkreis,
deine Freude, die Spur eines Turnschuhs im Gras
zwischen Plastikgemüse, das auf dem Linoleumboden hin und her rollt.

Neben den Oliven, die im Wasser im Plastikbeutel schwimmen, liegt der Helm
des Kämpfers,

mai târziu o să mergeți în pădure la 50
de m depărtare de oraș.

Dar acum ești curioasă de noua priveliște –
e vara unei alte plăceri, experiențe.

Fetița cu chip de șoricel și-a pus un batic colorat pe cap,
seamănă cu o bătrânică săpând castele.
Ți se pare curios cum aleargă singură
în jurul unei căprioare gonflabile și își părăsește bicicleta

lângă depozitul de lemne.

Aici toți vor să fie împreună, să-și spună ceva.

Ți se pare frumos și înțelegi până la un anumit nivel
când inima ta se strânge ca o minge moale
nu știi – e plictiseală sau dorința tâmpită de a coborî
în tine – în beciul /
cu lumina weird-vișinie.

Aerul intră oblic printre hublouri
în raza de galantare când pășești tot mai apăsat,
pe praguri faci exerciții personale:

ca și cum te-ai afla la 2000 de metri altitudine, e piatra
stâncoasă
acolo, o diagramă îngrădită ca adăpost
și în jur brazii – scări nemărginite.

später werdet ihr in den Wald gehen, 50
Meter außerhalb der Stadt.

Aber jetzt bist du neugierig auf die neue Aussicht –
es ist der Sommer eines anderen Vergnügens, einer anderen Erfahrung.

Das Mädchen mit dem Mäuschengesicht hat sich ein buntes Kopftuch umgebunden,
es ähnelt einer kleinen alten Frau, die Sandburgen baut.
Du findest es seltsam, wie das Mädchen alleine
um ein aufblasbares Reh herumrennt und sein Fahrrad

neben dem Lagerungsplatz für Holz stehen lässt.

Hier wollen alle zusammen sein, sich einander mitteilen.

Du findest es schön und verstehst es bis zu einem gewissen Grad
wenn sich dein Herz zusammenzieht wie ein Softball
du weißt es nicht – ist es Langeweile oder der idiotische Wunsch, in deiner selbst
hinabzusteigen – in jenen Keller /
mit dem seltsamen burgunderroten Licht.

Die Luft dringt schräg durch die Oberlichter ein
in den Umkreis der Schaufenster, während du immer
festeren Schrittes gehst
an den Schwellen machst du Persönlichkeitsübungen:

du stellst dir vor, du befindest dich auf 2000 Meter Höhe, das Gestein
ist felsig
dort, ein eingezäuntes Diagramm als Unterstand
und ringsherum die Tannen – endlose Leitern.

Ai doar o bancă însemnată cu marcărul
(urmele celor la care ai ținut, ți-i amintești).
Aerul te doboară la pământ,
nu vrei să te mai ridici.

Corpul reacționează complet, traversează milioane de fante
într-un moment
și mintea rămâne strat bun de rezerve.

Deschizi ochii neputincios, orice anotimp zgrunțuros e o
maculatură:
ce să-ți atingă memoria? Acolo se întâmplă câteva lucruri,

dacă le repeți exact bufnești în râs.

Acum telefonul e singura rudă,
toată stabilitatea – privirea ta furișată
printre oameni (frica absurdă
că se vor opri din activitatea naturală
observați
așa cum se studia femeia în apa din lighean
cât își usca părul deasupra și prietenul ei fotografia vapoare în
boluri).

Toată camera/ o șosea lată,
țiuitul înfundat al contorului noaptea,
respirația unică din pereți.

Copacii se aprind la vârfuri,
cu adevărat nici n-o să te mai întorci.

(*beatitudine (eseu politic)*, Editura Nemira, 2017)

Du hast nur eine mit Filzstift beschriftete Bank
(die Spuren derer, die du mochtest, du erinnerst dich?).
Die Luft zwingt dich in die Knie,
du willst nicht mehr aufstehen.

Sie wirkt sich auf den ganzen Körper aus, er überwindet mit einem Mal
Millionen von Spalten
und der Geist bleibt ein guter Vorratsspeicher.

Hilflos öffnest du die Augen, jede raue Jahreszeit ist
nichts wert:
was soll denn dein Gedächtnis an dir berühren? Dort passieren einige Dinge,

und wenn du sie genau wiederholst, brichst du in Gelächter aus.

Das Telefon ist jetzt die einzige Verwandtschaft,
das ganze Gleichgewicht – dein verstohlener Blick
unter den Menschen (die absurde Angst,
dass sie in ihrer natürlichen Geschäftigkeit innehalten,
beobachtet,
so wie die Frau ihr Spiegelbild in der Wasserschüssel betrachtete
als sie ihre Haare darüber trocknete und ihr Freund Schiffe
in Schüsseln fotografierte).

Der gesamte Raum/ eine breite Straße,
das dumpfe Brummen des Zählers in der Nacht,
das einzigartige Atmen in den Wänden.

Die Bäume fangen Feuer an den Spitzen,
du wirst wirklich nicht einmal mehr zurückkehren.

(*beatitudine (eseu politic)*, Editura Nemira, 2017)

Insights de la florăreasă

Vrăjitoarele mă iubesc
în virtual,
pe o pajiște de salbe,
orbită:

de minuni înspăimântat, nemedicamentat
mi te proiectez
între șervețele.
Parasolarul se colorează automat.

Te plac, absorb -
Deci ești a 7-a variație a imaginarului meu libidinal -
reînnoind.
Sau doar un tip supersweet.

It's that crazy thing? de când
nu mai pot învârti rațional agende
și corpul mi se scufundă
în cel mai la îndemână
& maniacal delir:

al dragostei.

* * *

Spre cooperativă pornesc.
E un cer, un baston
cu figuri,

Insights von der Blumenhändlerin

Die Hexen lieben mich
im Virtuellen,
auf einer Wiese voller Spindelsträucher,
eine Verblendete:

von Wundern verängstigt, ohne Medikamente
stelle ich mir dich
zwischen Servietten vor.
Der Sonnenschutz färbt sich automatisch.

Du gefällst mir, ich nehme dich in mir auf –
Du bist also die 7. Variation meiner triebhaften Vorstellung –
erneuernd.
Oder nur ein supersweeter Typ.

It's that crazy thing? seit ich
nicht mehr vernünftig mit Terminen jonglieren kann
und mein Körper im
nächstbesten
& manischsten Delirium versinkt:

dem der Liebe

* * *

Zur Kooperative, ich mache mich auf den Weg.
Da ist ein Himmel, ein Gehstock
mit Figuren darauf,

o lădiță
și dragostea-mi trece
lângă partea solară
din preajma lehamitei teen.

Am probleme
cu sentimentu vieții (vini transmise
prin speranțele altora).

Simțitoare să cuget
la stamina care se știe reinventă,
impozanta supraviețuitoare,
cercetătoare într-ale bucuriei.

Reprezentările fricoase – ele-mi încremenesc gene.
Și feelingu e belicos, suge –
un când de muște-n căbănuțe,
o lamă la disco.

* * *

Sexualitatea... ok, am visat-o,
am trăit-o, apoi iar – fantazând
că așa pare mai spurcătă și bună.
Atunci..., „moamă, ce frumos": te îmbrățișam doar,
lipind, în aerul cenușiu,
obrazul de axial.

Și m-ai primit
cu voce de staroste entuziasmat.

eine Kiste
und meine Liebe gesellt sich
zum sonnigen Teil
meiner Teenie-Langeweile.

Ich habe meine Probleme
mit dem Gefühl des Lebens (übertragene Schuld
durch die Hoffnungen anderer).

Ein fühlendes Wesen, ich,
an die Ausdauer denkend, die sich selbst neu erfindet,
beeindruckende Überlebende,
Erforscherin des Glücks.

Ängstliche Darstellungen – sie lassen meine Wimpern erstarren.
Und das Feeling ist bedrohlich, es laugt aus –
ein Fliegenschwarm in den kleinen Hütten,
ein Lama in der Disco.

* * *

Die Sexualität... okay, ich habe von ihr geträumt,
ich habe sie einmal gelebt, und dann nochmal – ich bildete mir ein,
dass sie auf diese Weise schmutziger und besser wirkt.
Damals..., „pfoah, wie schön": ich umarmte dich nur,
indem ich in der grauen Luft
meine Wange an deine Achsel hielt.

Und du empfingst mich
mit der Stimme eines enthusiastischen Meisters.

Jambon și flacoane
pocneau sub chiloței
chiar pe melodia
„succesiunii eterne de acum-uri".

Sunt infirmiera ta artistă.
Magiciana de grotă.
Alchimista trashy.

Un cumul de gânduri spionează
tot mai binevoitor
dacă te deschid/
dacă vă deschid
și racordăm nemaivăzut
sufletelele,

trupușoarele.

* * *

Să fii liber – gândind prin tatonare,
având grijă de mintea, „veselya" ta.
Frica va veni transformată în curiozitate
față de obiectul ei.

Corpul niciodată hurducat, ci plăcut
alintat de excese.

Să fii liber – neumilit de manipulările
mici:

Schinken und Fläschchen
knallten unter dem Höschen
zum Lied der
„ewigen Abfolge von Gegenwarten".

Ich bin deine Pflegekünstlerin.
Die Grottenmagierin.
Die trashy Alchemistin.

Eine Anhäufung von Gedanken spioniert
immer wohlwollender aus
ob ich dich öffne/
ob ich euch öffne
und wir die kleinen Seelen,
die kleinen Körper

wie nie zuvor miteinander verbinden.

* * *

Sei frei – denke, indem du dich vorantastest
und auf deinen Geist, auf deine „Fröhlichkeit" achtest.
Die Angst wird in Form von Neugierde
auf den Gegenstand der Angst erscheinen.

Der Körper, nie gerüttelt, sondern angenehm
von Exzessen verwöhnt.

Sei frei – lass dich nicht durch kleine Manipulationen
erniedrigen:

decalajele între teoretizări soft-hippy, liberale însoțind
practici, de fapt, hardcore.

E dezgustător masochismul afectiv,
în special pentru oamenii ușor permeabili -
ei te simt instant, uite-i cum se îndepărtează
jenați o fracțiune de umanitate.

Și o fracțiune e o eternitate.

Și tu cari tot umanul în tine – nu-i el prea sublim-maniabil
să-i tot faci defavoruri? Nu uita că mereu, dar mereu transmiți.
Ocrotește-ți emisiile.

Să fii liber, nu există iluminare,
un absolut al vieții, secretul ei e deschis.

Nu există viață privată, „probleme de familie",
toți suntem oarecum conectați.

Multe frici vin din dominarea financiară – să fii liber:
să dai dacă ai, să furi dacă nu ai deloc.

Să dai mai mult decât n-ai, iubire a mea,
până ne va nemuri cu totul tehnologia
aliniindu-ne gândurile doar
cu dragostea

senzualitatea –
care nu e doar sex.

die Abweichungen zwischen den soft-hippie und liberalen Theoretisierungen,
als Begleitung zu eigentlichen Hardcore-Praktiken.

Der affektive Masochismus ist ekelerregend,
vor allem für feinfühlige Menschen –
sie spüren dich sofort, schau sie an, wie sie sich entfernen,
verlegen, einen Bruchteil von Menschlichkeit lang.

Und ein Bruchteil ist eine Ewigkeit.

Und du trägst alles Menschliche in dir – ist es denn nicht zu wunderbar manipulierbar,
um es immer wieder zu benachteiligen? Vergiss nicht, dass du immer und immer
wieder aussendest.
Beschütze deine Emissionen.

Sei frei, es gibt keine Erleuchtung,
eine der Absoluten des Lebens, ihr Geheimnis ist offen.

Es gibt kein Privatleben, keine „Familienangelegenheiten",
wir sind alle in gewisser Weise miteinander verbunden.

Viele Ängste entspringen der finanziellen Überlegenheit – sei frei:
gib, wenn du hast, stiehl, wenn du gar nichts hast.

Gib mehr, als du nicht hast, meine Liebe du,
bis uns die Technologie völlig unsterblich macht
und unsere Gedanken nur mit der Liebe in Einklang bringt

die Sinnlichkeit –
bedeutet nicht nur Sex.

Penetrarea există și prin dialog.

Sexul e ars erotica, să-l recuperăm, totuși,
fiind foarte lovit (și) azi: oamenii devin proprietari
ai celuilalt
prin sex.
E ușor cretin, e o realitate.
Îndrăgostirea poate fi plurală.
Ești o campanie a posibilităților de a iubi.

* * *

Mi-ați violentat atât de des gândirea.
Opiniile-mâzgă nu rareori mi-au consumat oasele.
Proștilor!

Oamenii să-și ia banii
pentru ritmul singular de lucru al fiecăruia.

Să fii liber – să respecți săracii.
În primul rând.
Cu banii și privilegiile tale la ei,
poate că ți-ai reconsidera apriorismul conceptului
de „talent" al tău, din naștere.

Nu-s banii totul oricum, ci și pasiunea.
Marea problemă a oamenilor, zicea mișto F.D.,
e că nu ard pentru ceva,

In jemanden eindringen kann man auch über ein Gespräch.

Der Sex ist ars erotica, lasst uns ihn deswegen wiederfinden,
er ist heute (noch) sehr angeschlagen: die Menschen werden zu Eigentümern
des Anderen
durch Sex.
Es ist leicht idiotisch, das ist die Realität.
Das Verlieben kann in der Mehrzahl stehen.
Du bist eine Kampagne der Möglichkeiten zu lieben.

* * *

Ihr habt mein Denken so oft misshandelt.
Nicht selten fraßen mir dreckige Meinungen die Knochen auf.
Idioten!

Die Menschen sollen anhand des individuellen
Arbeitsrhythmus eines jeden bezahlt werden.

Sei frei – respektiere die Armen.
In erster Linie.
Hätten sie dein Geld und deine Vorteile,
würdest du vielleicht das Apriorische deines Konzepts
eines eigenen, angeborenen „Talents" überdenken.

Das Geld ist sowieso nicht alles, es zählt auch die Leidenschaft.
Das große Problem der Menschen, hatte es F.D. cool formuliert,
ist, dass sie nicht Feuer und Flamme für eine Sache sind,

nu-s mega imersați, fideli, dedicați
unei zone whatever.
E vorba aici tot de-ndrăgostire, știi ce zic?
Învață de la (literalmente) regina muzelor - muzica.

Nu deplânge armonia, lipsa ei.
Viața, natura nu caută balans (anarhii pasionale...),
nu vor ever să te plictisească!

(*beatitudine* (eseu politic), Editura Nemira, 2017)

sie tauchen nicht megamäßig in etwas ein, sie bleiben
einem Bereich whatever nicht treu, sie engagieren sich nicht.
Es handelt sich auch hier um das Verlieben, wenn du verstehst, was ich meine.
Lerne von der (wortwörtlichen) Königin der Musen – der Musik.

Sie beklagt nicht die Harmonie oder den Mangel daran.
Das Leben, die Natur suchen nicht das Gleichgewicht (leidenschaftliche Anarchien...),
sie wollen dich never ever langweilen!

(*beatitudine* (eseu politic), Editura Nemira, 2017)

8

NOVAC

Nume: Ruxandra Novac

Data nașterii: 24 iunie 1980

Locul nașterii: Făgăraș

Domiciliu actual: Weiten, Germania

Cărți publicate: *ecograffiti. poeme pedagogice. steaguri pe turnuri* (Vinea, 2005, 2008)

8

NOVAC

Name: Ruxandra Novac

Geburtsdatum: 24. Juni 1980

Geburtsort: Fogarasch

Derzeitiger Wohnort: Weiten, Deutschland

Publizierte Bücher: *ecograffiti. poeme pedagogice. steaguri pe turnuri* (Vinea, 2005, 2008)

london paris new york

O lumină ucigașă se sparge în fața ușii
dincolo de care stăm
și viața noastră ia forme neașteptate.
Bule de aer, licheni (jumătate algă,
jumătate ciupercă)
se lipesc de piele sub forma a cîți ani avem
și se divid apoi aidoma celulei canceroase.

Vine noaptea, pentru copii și pentru căutătorii
de vene pentru femei si pentru copii.
Creierul de aur, plămînii de sulf
încetinesc. Neonul alb, lăptos, curge peste blocuri
și peste orbite.
Nebunia
și fericirea pieirii – un desen într-un WC,
o mașină importată.
Maturitatea și viața, adică
mai multă sudoare și mai multe prezervative.
Rețeaua deasă de nervi
prăbușită peste oraș, tot mai subțire.

Pe pachetul meu de țigări scrie
london paris new york
dar în inima mea scrie românia
o blăniță istorică acoperind statuile
un testament care te face dintr-odată
stăpînul comorilor lumii
o mască de gaze numai și numai pentru mine

london paris new york

Ein tödliches licht bricht vor der tür,
hinter der wir stehen,
und unser leben nimmt unerwartete formen an.
Luftblasen, flechten (halb algen
halb pilze)
verkleben sich an der haut je nach unserem alter
und teilen sich dann wie krebszellen.

Die nacht kommt für die kinder und die venensucher,
für die frauen und für die kinder.
Das goldene hirn, die schwefeligen lungen
verlangsamen. Das weiße, milchige neonlicht gleißt über die wohnblocks
und über die augenhöhlen.
Der wahnsinn
und das glück der vergänglichkeit – eine zeichnung auf einer toilette,
ein importierter wagen.
Die reife und das leben, das heißt
mehr schweiß und mehr kondome.
Das dichte nervengeflecht,
über der stadt zusammengebrochen, wird immer dünner.

Auf meiner zigarettenpackung steht
london paris new york
aber in meinem herzen steht rumänien
ein historisches stück fell, das die statuen verhüllt
ein testament, das dich auf einmal
zum meister aller schätze dieser welt macht
eine gasmaske nur für mich alleine

(dar nu-i nimic
cînd vom îmbătrîni vom scăpa
iar pînă atunci nu mai e mult)

corpul e greu și aspru ca o mină de sare
de unde filmul ăsta de femeie
de adolescent întîrziat și morbid?
țigările scumpe aduc respectul de sine
gîndul că-mi pot schimba viața,
că o pot face complicată

ca un bilanț al unei firme prospere
productivă și utilă ca o mașină de treierat

în fața mea Gara de nord scînteiază în noapte
o cetate părăsită ca în sobieski și românii
spune unul și totul se schimbă
brusc, ca după o baie de revelator
fiindcă e rău, cu adevărat rău
fiindcă de la o vreme nu se mai poate
fiindcă am știut și totuși n-am vrut să credem
fiindcă așa...

mi-am fumat toate țigările și carnea mea e tristă
deși neștiutoare ca un cal dus la abator
                    deși încă tînără
un diesel în flăcări luminează parcul din fața gării
în jurul lui se înghesuie copiii străzii
uitîndu-se ca la altă minune

(es macht aber nichts,
wenn wir älter werden, kommen wir davon
und bis dahin dauert es nicht mehr lange)

der körper ist schwer und rau wie ein salzbergwerk
was soll denn dieser film einer frau,
eines späten und morbiden teenagers?
teure zigaretten sorgen für selbstwertgefühl
für den gedanken, dass ich mein leben ändern kann,
dass ich es kompliziert machen kann

wie die schlussrechnung einer erfolgreichen firma
produktiv und nützlich wie ein mähdrescher

vor mir funkelt der Nordbahnhof in der nacht
eine verlassene burg wie in der geschichte über sobieski und die rumänen
sagt einer, und plötzlich ändert sich
alles, wie nach einem bad der offenbarung,
weil es schlecht ist, wirklich schlecht ist
weil es seit einiger zeit nicht mehr so weitergehen kann
weil wir es wussten und trotzdem nicht glauben wollten
weil so halt...

ich habe alle meine zigaretten geraucht und mein fleisch ist traurig
wenn auch unwissend, wie ein pferd, das zum schlachthof gebracht wird,
                    aber noch jung
ein brennendes diesel-auto erhellt den park vor dem bahnhof
drumherum scharen sich die straßenkinder
und schauen es an wie irgendein wunder

ca într-un gărduleț, ca într-o dantelă mecanică

Privit în lumina vînătă a asfințitului
Bucureștiul pare un șobolan mort
unde sînt eroii noștri, marii bărbați ai trecutului
cei din superproducții, din cărțile de aur
n-am norocul unui chinez, ginsberg și lenin
blocați pe culoarele unei gări estice,
jucăuși precum zeii
între drogați și vînzătoarele de bilete
cît de sinistru putea fi atunci time magazine?
cît de sinistră intoxicarea de acum?

În lumina crudă totul pare un film pentru pedofili
unde e sufletul-nostru-ca-o-pasăre
unde e sănătatea noastră perfectă
gălăgia noastră perfectă
unde sînt extaticele vibrații
unde sînt marijuana și visele
delirul și nenorocul din camere mici, asudate
revolta învechită ca un film cu țărani

Sinele meu trist croșetează un pulover
din părul lung al sinelui anilor șaizeci
sinele meu trist nu vrea să fie cu gașca

Sinele meu trist se scufundă în cîmpul lui cu ciori
roșii ca steagurile pe care ei nu le-au văzut
sau le-au văzut și au zis că sînt căpșuni.
Sinele meu trist pipăie pereții camerei în care stau
și simte ceva ca un curent electric.

wie in einem kleinen zaun, wie in einem metallenen geflecht

Im blauroten licht des sonnenuntergangs betrachtet
ähnelt Bukarest einer toten ratte
wo sind denn unsere helden, die großen männer der vergangenheit
jene aus den superproduktionen, aus den goldenen büchern
ich habe nicht das glück eines chinesen, ginsberg und lenin
sitzen fest auf den gängen eines östlichen bahnhofs
verspielt wie die götter
unter drogensüchtigen und ticketverkäuferinnen
wie unheimlich wohl damals ein time magazine sein musste?
wie unheimlich der jetzige überfluss?

Im rohen licht erscheint alles wie ein film für pädophile
wo ist unsere seele, die einem vogel gleicht
wo ist denn unsere perfekte gesundheit
unser perfekter lärm
wo sind denn die ekstatischen schwingungen
wo das marihuana und die träume
das delirium und das unglück in kleinen, verschwitzten räumen
der veraltete aufstand wie in einem film über bauern

Mein trauriges ich häkelt einen pullover
aus den langen haaren des ichs der sechziger jahre
mein trauriges ich will nicht bei seiner gang sein

Mein trauriges ich versinkt in seinem feld voller krähen
rot wie die fahnen, die sie nicht gesehen hatten
oder sie hatten sie gesehen und meinten, es seien erdbeeren gewesen.
Mein trauriges ich ertastet die wände des raumes, in dem ich wohne
und spürt etwas wie strom

Oh, am decăzut în cîțiva ani și nici asta
nu putem spune cu exactitate și fără
să ne fie puțin rușine.
Mîna ne tremură deja pe clanță și ce va fi
mai încolo
asta chiar că nu vrem să știm.

Cînd bem seara noaptea nu putem dormi
televizorul merge în continuare
programul s-a terminat de mult
Sinele meu trist linge ecranul ca într-un videoclip
și o clipă se simte mai sigur pe sine
culorile se amestecă pe retină
sîrmele se amestecă pe retină
ca într-un gărduleț
ca într-o dantelă metalică.
Nu mai vreau nimic din gălăgia asta
Nu vreau nici să mai aștept nu știu ce
nu vreau să trăiesc treizeci de ani
iar aici nu mai prea vreau să trăiesc deloc
vreau pornografie și igienă
în mijlocul unui deșert nuclear.
Și vreau bani și abțibilduri lisergice
Vreau o benzinărie în cîmp sau un bar de
contrabandiști.
Vreau să moară cvt și gc și db
la fel de mult cum voiam cîndva casetofon.
Vreau de fapt bani.
Și vreau bani. Și vreau bani.

Oh, wir sind in ein paar jahren verfallen und nicht einmal das
können wir genau sagen ohne
dass wir uns ein wenig schämen.
Uns zittert schon die hand am türgriff und was später einmal
sein wird
das wollen wir wirklich gar nicht wissen.

Wenn wir abends trinken können wir nachts nicht schlafen
der fernseher läuft weiter
das programm ist längst vorbei
Mein trauriges ich schleckt den bildschirm ab wie in einem videoclip
und einen moment lang fühlt es sich selbstsicherer
die farben verschmelzen auf der netzhaut
die drähte verschmelzen auf der netzhaut
wie in einem kleinen zaun
wie in einem metallenen geflecht.
Ich will gar nichts mehr von diesem ganzen lärm
Ich will auch nicht mehr auf was-weiß-denn-ich-was warten
ich will nicht dreißig jahre leben
und hier möchte ich schon fast gar nicht mehr leben
ich will pornographie und hygiene
mitten in einer atomaren wüste.
Und ich will geld und LSD-haltige abziehbilder
Ich will eine tankstelle mitten am feld oder eine bar
für schmuggler.
Ich will dass cvt und gc und db sterben
genau so sehr wie ich einmal einen kassettenspieler haben wollte.
Ich will eigentlich geld.
Und ich will geld. Und ich will geld.

Încet camera se umple cu apă.
Încet ea devine o mlaștină vie.
Încet sinele meu trist se tîrăște spre ecran
Și se cuibărește acolo ca într-o gaură vie.
Între lămpi și circuite ca într-o gaură vie.
Se deschide acolo mai trist ca un cimitir de elefanți
Mai trist ca un schelet de locomotivă carbonizată
ca un stern de pisică pe argila roșie, în soare.

Încet mîinile se adună. Noaptea ne ridică
în aer ca o lingură imensă, carnivoră.

În est totul e bine
în vest totul e bine
în mîna mea stîngă totul e bine
în mîna mea dreaptă totul e bine

Sinele meu trist vede că totul e bine
Că moartea e de fapt o mașină stricată
aruncată la cimitirul de mașini
Și că viața e și ea o mașină stricată
aruncată la cimitirul de mașini

Bucureștiul se deschide ca o uriașă floare sifilitică
și știu că nimic, nimic nu mai poate opri dezastrul
zdrențelor minții mele de douăzeci și trei de ani
Nu sfințenia Tangerului, nici narcoza, nici fluturii
orbecăind prin abatoare, îngrozind lucrătorii.

Langsam füllt sich das zimmer mit wasser.
Langsam verwandelt es sich in einen lebendigen sumpf.
Langsam kriecht mein trauriges ich zum bildschirm
Und kuschelt sich dort hinein wie in ein lebendiges loch.
Zwischen lampen und stromkreisen wie in ein lebendiges loch.
Es öffnet sich dort trauriger als ein elefantenfriedhof
Trauriger als das skelett einer ausgebrannten lokomotive
als das brustbein einer katze auf dem roten lehm in der sonne.

Langsam kommen die hände zusammen. Die nacht hebt uns
in die luft wie ein riesiger, fleischfressender löffel.

Im osten ist alles gut
im westen ist alles gut
in meiner linken hand ist alles gut
in meiner rechten hand ist alles gut

Mein trauriges ich sieht dass alles gut ist
Dass der tod eigentlich ein kaputtes auto ist
das man am schrottplatz entsorgt hat
Und dass das leben auch ein kaputtes auto ist
das man am schrottplatz entsorgt hat

Bukarest öffnet sich wie eine riesige syphilisblume
und ich weiß dass nichts aber auch gar nichts das desaster
der fetzen meines dreiundzwanzig jahre alten geistes aufhalten kann
Weder die heiligkeit Tangers, noch die narkose oder die schmetterlinge
die in den schlachthäusern umherirren und die arbeiter erschrecken.

Nimic din toate acestea
nici dresajul, nici bisericuțele, nici sexul orașului
violînd noaptea
nimic
                    doar liniștea unui cîine înecat
                    plutind în jos pe rîu, în soare

(*ecograffiti. poeme pedagogice. steaguri pe turnuri,* Editura Vinea, 2003)

Nichts von alledem
weder das abrichten, noch die kirchen, noch der sex der stadt
der die nacht vergewaltigt
gar nichts
nur die ruhe eines ertrunkenen hundes
der im sonnenlicht den fluß hinabtreibt

(*ecograffiti. poeme pedagogice. steaguri pe turnuri,* Editura Vinea, 2003)

x

toate acestea
numai lapte și miere
oh, toate acestea te așteaptă
sufletul meu, numai pe tine te așteaptă

am văzut o mulțime de oameni
bucurîndu-se rîzînd trăind
am văzut o mulțime de oameni
măturați de un șuvoi de pișat
am învățat. știu totul
iar ceea ce știu se lipește de mine
ca un tatuaj prost făcut, sau ca o boală de piele

și doar gloria inimii
peste mormanele de materie grasă
peste măruntaiele și intestinele
animalului lor doar gloria inimii

corpurile noastre curate ei le ating
și scriu pe ele metafore
dar vom veni înapoi
vom trece în față
vom fi ai dracului
vom cînta pentru mileniul trei

și ne vom ospăta la masa lor mare
din carnea lor mare și dulce

(*ecograffiti. poeme pedagogice. steaguri pe turnuri,* Editura Vinea, 2003)

x

das alles
nur milch und honig
oh, das alles erwartet dich
mein herz, es erwartet nur dich

ich habe eine menge leute gesehen
wie sie sich freuten lachten lebten
ich habe eine menge leute gesehen
wie sie von einem schwall pisse weggespült wurden
ich habe gelernt, ich weiß alles
und das, was ich weiß, bleibt an mir haften
wie ein schlecht gemachtes tattoo oder eine hautkrankheit

und nur die herrlichkeit des herzens
über die unmengen an fettmasse
über die innereien und gedärme
ihres tieres nur die herrlichkeit des herzens

unsere sauberen körper werden von ihnen berührt
und sie schreiben metaphern auf sie
aber wir werden zurückkehren
wir werden nach vorne gehen
wir werden den teufel rauslassen
wir werden für das dritte jahrtausend singen

und wir werden uns an ihrem großen tisch laben
an ihrem vollen und süßen fleisch

(*ecograffiti. poeme pedagogice. steaguri pe turnuri,* Editura Vinea, 2003)

9

SOCIU

Nume: Dan Sociu

Data nașterii: 20 mai 1978

Locul nașterii: Botoșani

Domiciliu actual: București

Cărți publicate: *borcane bine legate, bani pentru încă o săptămînă* (Junimea, 2002), *fratele păduche* (Vinea, 2004), *cîntece eXcesive* (Cartea Românească, 2005, 2012), *Urbancolia* (roman, Polirom, 2008), *Nevoi speciale* (roman, Polirom, 2008), *Poezii naive și sentimentale* (Cartea Românească, 2012), *Mouths dried with hatred* (Longleaf Press, University of Virginia, 2012), *vino cu mine stiu exact unde mergem* (Tracus Arte, 2013), V*ino cu mine știu exact unde mergem* (antologie, Editura Polirom, 2015)

9

SOCIU

Name: Dan Sociu

Geburtsdatum: 20. Mai 1978

Geburtsort: Botoschan

Derzeitiger Wohnort: Bukarest

Publizierte Bücher: *borcane bine legate, bani pentru încă o săptămînă* (Junimea, 2002), *fratele păduche* (Vinea, 2004), *cîntece eXcesive* (Cartea Românească, 2005, 2012), *Urbancolia* (Roman, Polirom, 2008), *Nevoi speciale* (Roman, Polirom, 2008), *Poezii naive și sentimentale* (Cartea Românească, 2012), Mouths dried with hatred (Longleaf Press, University of Virginia, 2012), *vino cu mine stiu exact unde mergem* (Tracus Arte, 2013), *Vino cu mine știu exact unde mergem* (Anthologie, Polirom, 2015)

Cîntec eXcesiv I

Încă mi se mai întîmplă să cred
că în curând mi se vor trezi superputerile:
zborul, invizibilitatea, întoarcerea-n timp, superelasticitatea
trecerea prin ziduri, dragostea ta

La 26 de ani
la mijlocul speranței de viață sănătoasă din România
la începutul lui decembrie
la capătul scării abrupte din Green
am încercat să te sărut &
ai dat înapoi și era să cad –

Ultima dată m-ai atins la muzeu
ți-ai lipit o secundă, cît să nu te vadă prietena ta
urechea de brațul meu
și a fost atît de bine
ca și cum m-ai fi atins prima oară –

Ca și cum m-ai fi atins în vară
cînd ratasem ceva
și te-ai așezat lîngă mine
și ai încercat să mă consolezi, fără să știi că te plac
a fost bine, ca și cum m-ai fi atins atunci –

Cînd aveam nevoie
la muzeu dar, de fapt, în vară, e greu de explicat
și data viitoare, poate chiar mîine
cînd o să-ți lipești urechea de brațul meu

eXzessives Lied I

Es kommt immer noch vor, dass ich glaube,
meine Superkräfte würden bald aus ihrem Schlummer erwachen:
das Fliegen, das Unsichtbarsein, die übernatürliche Dehnbarkeit, die Fähigkeit,
in die Vergangenheit zu reisen und durch Wände zu gehen, deine Liebe

Mit 26 Jahren
inmitten der Hoffnung auf ein gesundes Leben in Rumänien
Anfang Dezember
am Ende der steilen Treppe im Green
versuchte ich dich zu küssen &
du wichst zurück und ich fiel fast um –

Letztes Mal berührtest du mich im Museum
du legtest einen Augenblick lang, so dass es deine Freundin nicht sah,
dein Ohr an meinen Arm
und es war so schön
als hättest du mich zum ersten Mal berührt –

Als hättest du mich im Sommer berührt
als ich etwas verpasst hatte
und du dich neben mich setztest
und versuchtest mich zu trösten, ohne zu wissen, dass ich dich mochte
es war so schön, als hättest du mich damals berührt –

Als ich es brauchte
im Museum, aber eigentlich im Sommer, es ist schwer zu erklären
und nächstes Mal, vielleicht sogar morgen
wenn du dein Ohr an meinen Arm legen wirst

o să fie ca și cum ai face-o acum –
cînd te caut pe străzi
pentru că am nevoie.

Îmi lipsește fix o mie de lei
ca să intru oriunde la cald
și sînt prea timid să cerșesc
și nu sînt norocos să găsesc bani
nu am telefon, nu am o cartelă să te sun
nu sînt destul de norocos să dau de tine întîmplător
pentru că tu ești acasă cu el

te iubesc dar acum
nu mai vreau să te caut pe străzi.

Bucureștiul ăsta îmi înnegrește unghiile
pe care le tai în fiecare dimineață pentru tine
pentru că s-ar putea să te întîlnesc.
Mă bărbieresc pentru tine
mă dau cu deodorant pentru tine
mă împrumut de haine pentru tine –

Dorm oriunde ca să fiu în același oraș cu tine
pentru că nu am un loc al meu
dar o să am un loc al meu pentru tine
o să omor ratatul din mine pentru tine și o să fac bani –

O să învăț să fiu mai cool decît el
o să învăț toate versurile, piesele și albumele trupelor care-ți plac
ție
sau o să te țin în brațe cînd o să plîngi –

wird es sein, als tätest du es jetzt –
wo ich dich in den Straßen suche
weil ich dich brauche.

Mir fehlen genau tausend Lei
damit ich irgendwo hineingehen kann, wo es warm ist
und ich bin zu schüchtern, um zu betteln
und ich habe nicht das Glück, Geld zu finden
ich habe kein Telefon, ich habe keine Wertkarte, damit ich dich anrufe
ich habe nicht genug Glück, um dich zufällig zu treffen
denn du bist zuhause, mit ihm

ich liebe dich, aber ich will dich jetzt nicht mehr
in den Straßen suchen.

Dieses Bukarest lässt meine Nägel schwarz werden
die ich jeden Morgen für dich schneide
weil ich dir vielleicht begegnen könnte.
Deinetwegen rasiere ich mir den Bart
deinetwegen trage ich Deo auf
deinetwegen borge ich mir Kleidung aus –

Ich schlafe egal wo, nur um in der gleichen Stadt zu sein wie du
weil ich keinen Platz habe, den ich mein Eigen nenne
für dich werde ich aber meinen eigenen Platz haben
für dich werde ich den Versager in mir töten und Geld verdienen –

Ich werde lernen, cooler zu sein als er
ich werde alle Verse, Lieder und Alben jener Bands lernen, die du magst
oder dich in meinen Armen halten, wenn du weinst –

Troleibuzele care nu duc la tine
nu-mi folosesc la nimic.
Troleibuzele care duc la tine
nu-mi folosesc la nimic.
Într-o noapte o să mă lipesc de mașina neagră din fața blocului
   tău
să-i pornesc alarma, să te trezești
enervată să te ridici din pat de lîngă el –

În ultimul timp nu te mai pot vedea decît pe holuri
la o țigară, și tu fumezi trei una după alta
și pofta ta morbidă mă bucură.
Cîndva vom face amîndoi cancer la plămîni
și-mi doresc să nimerim în același grup de suport, așa

ca Bonham Carter & Norton
Tori Amos & Kafka –

(*Vino cu mine știu exact unde mergem,* Editura Polirom, 2015)

Die Trolleybusse, die nicht zu dir führen,
nützen mir nichts.
Die Trolleybusse, die zu dir führen,
nützen mir auch nichts.
Eines Nachts werde ich mich an das schwarze Auto vor deinem Wohnhaus heranschleichen
um den Alarm auszulösen, damit du aufwachst
und genervt aus dem Bett, in dem er neben dir liegt, aufstehst –

In letzter Zeit kann ich dich nur noch auf irgendwelchen Gängen stehen sehen
du gehst eine rauchen und rauchst drei hintereinander
und dein krankhafter Appetit freut mich.
Irgendwann werden wir beide Lungenkrebs bekommen
und ich wünsche mir, dass wir beide in der gleichen Therapiegruppe landen,

wie Bonham Carter & Norton
Tori Amos & Kafka –

(*Vino cu mine știu exact unde mergem,* Editura Polirom, 2015)

Arta moartă a comparației

Pielea i se făcea trandafirie
și sînii săltau cînd mă mișcam în ea
și noaptea în pat îmi spunea pe întuneric
poveștile ei horror de medicinistă.

Aș fi vrut să o iau de nevastă
și să-i văd toată viața sînii săltînd
și pielea înrozindu-i-se sub mine
dar nu s-a putut.

Înainte să-mi strîng cortul
mi-a zis ceva foarte frumos din Semiologie
că la astm suflul plămînilor e ca vîntul șuierînd pe sub uși
la pneumonie ca scîrțîitul zăpezii aerate sub tălpi
și că plămînii bolnavi de bronșită fîlfîie
agitați ca porumbeii închiși pe iarnă în voliere.

Am stat o dată în spital cu dramă pancreatică
și în salonul meu era un șofer bătrîn
cu plămînii sparți sub un autobuz
cînd încerca să-i repare motorul.

O bătrînă micuță aștepta toată noaptea
pe un scaun lîngă patul lui. Dormea puțin
îi pîndea respirația
ca un aparat meteo uitat în munți
care analizează semnalele avalanșei. Bătrînul era
terminat dar bătrîna era o

Die tote Kunst des Vergleichs

Ihre Haut wurde rosig
und ihre Brüste hüpften auf und ab, als ich mich in ihr bewegte
und nachts im Bett erzählte sie mir im Dunklen
ihre Horrorgeschichten als Studentin der Medizin.

Ich hätte sie gerne zur Frau genommen
und mein ganzes Leben lang ihre Brüste auf und ab hüpfen
und ihre Haut unter mir rosig werden sehen
aber es ging nicht.

Bevor ich die Zelte abbrach
erzählte sie mir etwas sehr Schönes aus dem Fach Semiologie
bei Asthma pfeifen Lungen wie der Wind unter den Türen
bei einer Lungenentzündung quietschen sie wie luftiger Schnee unter den Füßen
und bei einer Bronchitis flattern sie aufgeregt
wie die Tauben, die über den Winter in Taubenschlägen ausharren müssen.

Ich war einmal im Krankenhaus mit einer dramatischen Sache an der Bauchspeicheldrüse
und in meinem Krankenzimmer lag ein alter Berufsfahrer
mit zerquetschten Lungen, die ihm ein Bus zugefügt hatte
als er unter ihm lag und versuchte, seinen Motor zu reparieren.

Eine kleine alte Frau wartete die ganze Nacht
auf einem Stuhl an seinem Bett. Sie schlief wenig
sie lauschte seinem Atem
wie ein in den Bergen vergessener
Lawinensensor. Der alte Mann war
erledigt, aber die alte Frau war eine

inspirație pentru femeile noastre
și chiar aveau nevoie de așa ceva:
20 de bărbați impotenți (și-o fată cu sarcină extrauterină)
cu tuburi în uretre, intestinele explodate, oasele rupte
mințile marcate de groază pe veci
și în jur chirurgi tineri și coioși și afară
soarele pe străzi, viața. Așa e întotdeauna la dramele
clare, apare cîte un înger inspirator

dar în rest, sîntem singuri și pierduți
în banalitatea zilelor, nici măcar răbdători ca porumbeii
ascultînd cum se zguduie în vînt pereții subțiri ai volierei
pentru că n-ai cum să compari nimic cu nimic

pentru că ești primul om din lume
primul care trăiește, primul care greșește.

Dacă ar fi să-mi aleg un model inspirator
ar fi piticul din pasajul Comedia –
iarna trecută, într-o seară, l-a întrebat cineva
de ce nu s-a dus la circ, ar fi trăit altfel
ar fi avut un loc al lui și o viață interesantă.

Piticul a mîrîit în pardesiul lui de piele
și a refuzat să răspundă. Mi-a plăcut
că se ține tare, chiar dacă doarme uneori
pe scări la clubul Control și fetele cu dresuri
colorate pășesc peste el. În sensul ăsta
am spus că model de viață – cum aș fi vrut
să fiu dacă n-aș fi plecat cu circul.

(*Vino cu mine știu exact unde mergem,* Editura Polirom, 2015)

Inspiration für unsere Frauen
und diese hatten so etwas wirklich nötig:
20 impotente Männer (und eine junge Frau mit einer Eileiterschwangerschaft)
mit Schläuchen in den Harnröhren, geborstenen Gedärmen, gebrochenen Knochen
für immer vom Horror gezeichneten Psychen
und rundherum junge und angeberische Chirurgen und draußen
die Sonne in den Straßen, das Leben. So ist es immer, eindeutige Dramen
lassen auch den einen oder anderen inspirierenden Engel erscheinen

ansonsten aber sind wir alleine und verloren
in der Banalität unserer Tage, nicht einmal geduldig wie die Tauben
die dem Klappern der dünnen Wände des Taubenschlags im Wind lauschen
weil du nichts mit nichts nicht vergleichen kannst

weil du der erste Mensch auf der Welt bist
der Erste, der lebt, der Erste der Fehler macht.

Sollte ich mir ein Vorbild aussuchen
dann nähme ich den Kleinwüchsigen in der Unterführung Comedia –
letzten Winter hatte ihn jemand eines Abends gefragt
warum er denn nicht beim Zirkus angeheuert hatte, er hätte dort anders gelebt
er hätte seinen eigenen Platz und ein spannendes Leben gehabt.

Der Kleinwüchsige knurrte vor sich hin in seinem Ledermantel
und weigerte sich zu antworten. Ich mochte es
dass er stark blieb, auch wenn er manchmal
auf den Treppen des Klubs Control schläft und die Mädchen
in ihren bunten Kostümen über ihn steigen. In diesem Sinne
meinte ich ein Vorbild – wie ich hätte sein wollen
wenn ich nicht beim Zirkus angeheuert hätte.

(*Vino cu mine știu exact unde mergem,* Editura Polirom, 2015)

Vino cu mine știu exact unde mergem

E interesant cum ne începem poveștile cu o descriere a vremii
ca și cum am fi înțeles că primul lucru de spus despre noi
e că plouă, ninge, bate vîntul sau nu.

Sînt și povești care se petrec în afara vremii
dar e greu să le spui pentru că din păcate
aceleași povești se întîmplă și în afara memoriei.

E americanul ăsta, Brad Williams, considerat de experți
omul cu cea mai bună memorie. Poate povesti la comandă orice zi
din ultimii 30 de ani. Îl întrebi: ce a fost pe 7 noiembrie 1991
și-ți spune, după 5 secunde de privit în gol, la distanță – e ziua
   cînd Magic
Johnson a anunțat că e bolnav de HIV. Într-o marți. Cu o
   săptămînă înainte
fusese o mare furtună de zăpadă. Experții sînt din ce în ce mai
   convinși
că sediul memoriei nu e în creier, că amintirile sînt stocate în
   mișcările norilor
în curenții de aer, în vaporii de apă și în furtunile solare.

Mai mult, amintirile sînt produse de meteorologie
după legi și în scopuri obscure, dacă e să credem în scopuri și legi
într-un domeniu unde, ca să fac și o glumă, sîntem cam în ceață
   tot timpul.

Komm mit mir mit, ich weiß genau, wo wir hingehen

Es ist spannend, wie wir unsere Geschichten mit einer Wetterbeschreibung beginnen
als hätten wir verstanden, dass die Information, ob es regnet, schneit, ob der Wind geht
oder nicht, das Erste ist, was es über uns zu sagen gibt.

Es gibt Geschichten, die spielen sich jenseits des Wetters ab
aber es ist schwierig, sie zu erzählen, da sich diese Geschichten
leider auch jenseits des Gedächtnisses abspielen.

Es gibt diesen Amerikaner, Brad Willliams, der von Experten für den Menschen
mit dem besten Gedächtnis gehalten wird. Er kann auf Aufforderung jeden beliebigen Tag
der letzten 30 Jahre erzählen. Du fragst ihn: Was war am 7. November 1991
und er sagt zu dir, nachdem er 5 Sekunden ins Leere, in die Ferne starrt – es ist der Tag
an dem Magic
Johnson bekannt gab, dass er HIV-positiv war. Eine
Woche davor
hatte es einen gewaltigen Schneesturm gegeben. Die Experten sind immer mehr davon
überzeugt
dass das Gedächtnis nicht im Gehirn beheimatet ist und die Erinnerungen in
den Bewegungen der Wolken gespeichert werden,
in Luftströmungen, in Wasserdampf und in Sonnenstürmen.

Außerdem werden Erinnerungen von den Himmelserscheinungen produziert
nach obskuren Gesetzen und zu obskuren Zwecken – sollten wir Zwecken und Gesetzen
überhaupt Glauben schenken
auf einem Gebiet der Wissenschaft, in dem wir, um einen Witz zu machen,
fast die ganze Zeit im Nebel stochern.

Fiecare moment e creat de ploaie sau de vremea senină, pas cu
pas, în detaliu.
Astăzi sînt 28 de grade în București, cerul e parțial noros și astfel
cămașa mea roșie
e deschisă la toți nasturii, stau pe canapea și mă prefac că mă uit
la campionatul de patinaj.
Mă prefac interesat de salturile chinezoaicei, fac toate gesturile
necesare
să păcălesc vremea, să arăt că mă țin de program. Buza de jos mi-e
puțin lăsată
și parametrii indică, cum se și așteaptă cerul noros de la mine, o
ușoară excitație sexuală
provocată de picioarele frumoase ale patinatoarei, de sclipirea
lamelor
pe cei 3.000 de metri liniari de țevi din polietilenă prin care circulă
un agent de răcire.
Chinezoaica mimează cu aceeași dedicație agenda vremii: ai zice
că e toată acolo
pe patinele ei, și membrele i se supun cerului albastru din Nisa,
de unde au fost dirijați
și violonistul, clarinetistul și pianista cînd au înregistrat
interpretarea melodiei lui Schumann
pe care Chen Lu face acum opturi prelungi. La a doua rotație în
aer a ultimului triplu axel
îmi dau seama că se întîmplă, îi văd privirea: s-a rupt. A ieșit de
sub dominația vremii.

Ochii i se albesc, dar nu e nici albeața varului de pe copaci,
primăvara sau albul animalelor polare

Jeder Moment entsteht durch Regen oder heiteres Wetter, Schritt für
Schritt, bis ins letzte Detail.
Heute hat es in Bukarest 28 Grad, der Himmel ist teilweise bewölkt und somit
sind alle Knöpfe
an meinem roten Hemd geöffnet, ich sitze auf der Couch und tue so
als schaute ich der Eiskunstlaufmeisterschaft zu.
Ich gebe vor, dass mich die Spünge der Chinesin interessierten, ich bediene mich
aller Gesten, die notwendig sind
um das Wetter hinters Licht zu führen, um zu zeigen, dass ich mich an das Programm halte.
Meine Unterlippe ist leicht geöffnet
und die Skala zeigt, wie es auch der bewölkte Himmel von mir erwartet, eine
leichte sexuelle Erregung an
verursacht durch die schönen Beine der Eiskunstläuferin, durch das Aufblitzen
ihrer Kufen
auf den 3000 Laufmetern Polyethylenrohre, durch die ein
Kühlmittel fließt.
Die Chinesin ahmt mit der gleichen Hingabe die Wetteragenda nach: Man würde glau-
ben
das ganze Wetter wäre dort
auf ihren Schlittschuhen, und ihre Glieder gehorchten dem blauen Himmel über Nizza,
der dem Violonisten, dem Klarinettisten und der Pianistin
den Takt vorgab, als sie ihre Interpretation
von Schumanns Melodie einspielten
zu der Chen Lu nun ihre langen Achter läuft. Beim dreifachen Axel,
bei der zweiten Drehung in der Luft
merke ich, was passiert, ich sehe ihren Blick: er ist gebrochen. Sie ist der
Herrschaft des Wetters entglitten.

Ihre Augen werden weiß, aber es ist weder die weiße Kalkfarbe, mit der im Frühling
Bäume gestrichen werden, noch das Weiße der arktischen Tiere

sînt două fîșii îngrozitoare de alb – prin contrast, albul patinoarului
pare liniștitor de uman.
E amintirea reactivată a momentului cînd strămoșii ei îndepărtați
au hotărît să abandoneze lumina
și ochii lor au început să se închidă încet, cîte un milimetru pe
mileniu.

E în afara determinărilor macro sau cuantice, în afara fluxurilor
energetice
dar și a oricărei reprezentări, prin imagine sau cuvinte sau logică
matematică.
Sînt cu ea, acolo, în cutia strîmtă de lemn care te obligă să-ți
miroși genitalele
și simultan la butoanele pianului meu de plastic colorat, cu văcuțe,
de unde încerc să mă dezgrop.

(*Vino cu mine știu exact unde mergem,* Editura Polirom, 2015)

es sind zwei entsetzte Striche in weiß – im Gegensatz dazu erscheint
das Weiße des Eislaufplatzes beruhigend menschlich.
Es ist die wiederbelebte Erinnerung an die Zeit, wo ihre entfernten Vorfahren
entschieden hatten, sich vom Licht abzuwenden
und ihre Augen begannen, sich langsam zu schließen, ein Millimeter pro
Jahrtausend jeweils.

Es liegt außerhalb von Makro- oder Quantenbestimmungen, außerhalb
von Energieflüssen
aber auch von jeglicher Darstellung, ob in Bildern oder in Worten oder durch mathematische
Logik.
Ich bin mit ihr dort, in der engen Holzkiste, die einen zwingt
an seinen Genitalien zu riechen
und gleichzeitig an den Tasten meines Klaviers aus buntem Plastik, mit Kühen darauf,
und ich versuche, mich auszugraben.

(*Vino cu mine știu exact unde mergem,* Editura Polirom, 2015)

10

VĂSIEȘ

Nume: Alex Văsieș

Data nașterii: 14 iunie 1993

Locul nașterii: Bistrița

Domiciliu actual: Cluj-Napoca

Cărți publicate: *Lovitura de cap* (Casa de pariuri literare, 2012), *Instalația* (Cartea Românească, 2016), *Oana Văsieș* (Charmides, 2016)

10

VĂSIEȘ

Name: Alex Văsieș

Geburtsdatum: 14. Juni 1993

Geburtsort: Bistritz

Derzeitiger Wohnort: Klausenburg

Publizierte Bücher: *Lovitura de cap* (Casa de pariuri literare, 2012), *Instalația* (Cartea Românească, 2016), *Oana Văsieș* (Charmides, 2016)

Instalația

Instalația cu lumini albastre, o văd seara înainte
să adorm, e mai puternică decît mine.
Îmi va rezista. O închid în beci o sută de ani și ea
tot va lumina. Eu o văd seara cînd mă uit în sus.
Eu nu voi mai lumina din persoana mea.

Numai să apară cineva să mă răsfețe,
să-mi facă plăcerile retorice, în scurt-
circuitul neînțeles și de asta îngrozitor în creștet.
Scut energetic pentru un băiat supradotat care nu
iese în lume. Și care nu sînt eu.

Pentru că eu mă uit la cablurile de curent
și nu le ating, să nu cadă zăpada de pe ele.
Firișor de zăpadă care s-ar topi, dispărînd
fără urme, nu foarte departe. Aici, aproape,
într-o altă lume. În care puțin am intrat și eu

cînd am dat la facultate și facultatea a greșit.
Numele soră-mii pe lista de admiși în locul meu
mi-a arătat o fisură spre mine într-o altă variantă.
Uitat de oameni într-o localitate micuță și elegantă.
O fată inteligentă, dar cu probleme, îmi pregătea

micul dejun și viața, îmi răspundea la întrebări
cînd eram puternic agitat. Dup-amiaza plimbam
cîteva fetițe spumoase, le făceam
să zboare, după ce le cîștigam încrederea.
Ea îmi transmitea săruturi prin aer, în timp ce eu

Die Installation

Die Installation mit ihren blauen Lichtern, ich sehe sie abends bevor
ich einschlafe, sie ist stärker als ich.
Sie wird mir Widerstand leisten. Ich sperre sie hundert Jahre lang in den Keller und sie
wird immer noch leuchten. Ich sehe sie abends, wenn ich hinauf schaue.
Aus mir heraus werde ich nicht mehr leuchten.

Wenn doch zumindest jemand erscheinen würde, der mich verwöhnt,
der mir rhetorische Freuden beschert, dem Kurz-
Schluss in meinem Kopf, dem unverständlichen und deswegen schrecklichen.
Energieschild für einen hochbegabten Jungen, der nicht
unter die Leute geht. Und der ich nicht bin.

Denn ich schaue mir die Stromkabel an
und berühre sie nicht, damit der Schnee nicht von ihnen herunterfällt.
Ein dünner Faden Schnee, der schmelzen und verschwinden würde,
spurlos, nicht sehr weit weg von hier. In der Nähe,
in einer anderen Welt. In die auch ich ein wenig eindrang

als ich die Aufnahmeprüfung an der Uni ablegte und die Uni einen Fehler machte.
Der Name meiner Schwester statt meinem auf der Liste der Zugelassenen
zeigte mir einen Bruch mir selbst gegenüber in einer anderen Variante.
Vergessen von den Menschen in einem kleinen und eleganten Ort.
Eine junge Frau, intelligent, aber mit eigenen Problemen, bereitete mir

das Frühstück und das Leben vor, sie beantwortete meine Fragen
wenn ich sehr aufgeregt war. Nachmittags gingen wir
mit ein paar lebenslustigen kleinen Mädchen spazieren, die ich fliegen ließ
nachdem ich deren Vertrauen gewonnen hatte.
Sie schickte mir Küsse durch die Luft, während ich

puneam mîna între picioare și ziceam
„te fut, te fut", foarte încet, cît să-mi poată
citi pe buze. Dar m-au rezolvat la decanat, s-a-nchis
fermoarul de aur și citesc acum pe Marlowe și pe Kant.
Mă ocup de Liubov Andreevna. Care vin toți tare

din spate și mă depășesc. Pentru că am obosit și intru
la boxe. Și ultima tură o fac singur, înainte de înserare,
după ce urmele lor s-au uscat. Linia de sosire cînd o trec,
e topită, dar dau din mîini în semn de victorie și disperare.
Că am fost atît de aproape și am vrut să arunc bogăție

asupra mulțimii, într-o scenă de care am tras
la maxim, pentru propria plăcere.
Cînd unora li se face urît și greață, și îi doare
în tot corpul că nu înțeleg; luminițe albastre sub
pleoape, apăsîndu-i în saltele, pînă dau de arc.

Se sparge inteligența și se sparge plăcerea
și videoul cu fata într-un palton de astrahan cum levitează,
spre o paralelă mai primitoare, găsită în ultimă fază.
Dar va veni natura să-mi pună surîsul pe față.
Surîs de copil rău, care e ultima șansă.

Și o să trec după ea și o să ne plimbăm pe sub
copacii ăia de-acolo, în sus pe cărare, cînd se face lumina
albastră.

(*Instalația,* Editura Cartea Românească, 2016)

mir mit der Hand zwischen die Beine griff und sagte, sehr leise
nur so laut, dass sie meine Lippen lesen konnte,
„ich fick dich, ich fick dich". Man hat mir aber im Dekanat gezeigt, wo's langgeht,
der goldene Reißverschluss ist zugegangen und ich lese jetzt Marlowe und Kant.
Ich kümmere mich um Liubov Andreevna. Sie nähern sich alle mit hohem Tempo

von hinten und überholen mich. Weil ich müde geworden bin und einen
Boxenstopp einlege. Und die letzte Runde drehe ich alleine, bevor es Abend wird,
nachdem ihre Spuren getrocknet sind. Wenn ich über die Ziellinie laufe,
ist sie geschmolzen, aber ich winke zum Zeichen des Sieges und der Verzweiflung.
Denn ich war so nahe und wollte Reichtum

in die Menge werfen, in einer Szene, die ich zum eigenen Vergnügen
so weit wie möglich in die Länge gezogen hatte.
Wenn es einigen unheimlich und übel wird und es ihnen
am ganzen Körper schmerzt, weil sie nicht verstehen; blaue Lichtchen unter
den Augenlidern drücken sie in die Matrazen, bis sie an die Federn stoßen.

Die Intelligenz zerbricht und die Lust zerbricht
und das Video vom Mädchen im Persianermantel, wie es zu einer
verlockenderen, im letzten Augenblick entdeckten Parallelwelt schwebt.
Die Natur wird aber kommen, um mir das Lächeln ins Gesicht zu pflanzen.
Das Lächeln eines bösen Kindes, das sich als letzte Chance erweist.

Und ich werde mich hinter sie stellen und wir werden dort drüben
unter den Bäumen spazieren, hinauf, den Pfad entlang, wenn das Licht
blau wird.

(*Instalația,* Editura Cartea Românească, 2016)

Pastorala Alemană

Într-o după-amiază de vară din copilăria mea Bavaria,
anii '70,
am fugit din grădină sătul de atîta muncă, amețit de soare.
Am fugit în casă să beau din cana galbenă agățată în cui,
să mă rezolve sunetul de smalț pe dinți.
Pe verandă, plutind în fotoliul din umbră, am citit

mesaje la taică-meo pe telefon, expediate către femei
trecute în agendă cu nume de bărbați, ca să nu fie
descoperit.
Mesaje frumoase, cu prescurtări și emoticoane.
Eu acum vorbesc cu mai multe femei.
În telefon, primesc mesaje de la Hannawald Sven,

Schmitt Adam, Zieler Robert și tot așa. Nepoata mea
nu înțelege de ce-mi trebuie să beau la 70 de ani,
printre injecții pe care mi le fac singur în burtă.
Mă plimb prin grădină și am pălărie de paie,
dar nu mai contează, copacii au crescut mari,

coroanele lor fac umbra deasă, ademenitoare.
Dacă aș cădea aici, pe patul de frunze și iarbă, nimeni
nu m-ar mai găsi. Pentru că sub frunze e o capcană.
În ea au căzut mulți băieți răi, prieteni din copilăria mea
depărtată de centru. Dădeam împreună reprezentații în
oranjerie
și ne drogam cu ajutorul Domnului Bernhard, care locuia
în oraș.

Alemannisches Hirtenlied

Eines Sommernachmittags in meiner Kindheit in Bayern
    in den 70er Jahren
lief ich aus dem Garten, ausgelaugt vor lauter Arbeit und schwindelig von der Sonne.
Ich ging ins Haus, um aus der gelben Tasse zu trinken, die an einem Nagel hing,
damit mich das Geräusch von Emaille an den Zähnen wieder aufbaute.
Auf der Veranda schwebte ich im Sessel im Schatten und las

auf dem Telefon meines Vaters Nachrichten, die er an Frauen geschickt
und in die Kontaktliste unter Männernamen gespeichert hatte, damit er nicht
    aufflog.
Schöne Nachrichten, mit Abkürzungen und Emoticons.
Ich schreibe jetzt mit mehreren Frauen.
In meinem Telefon erhalte ich Nachrichten von Hannawald Sven,

Schmitt Adam, Zieler Robert und so weiter. Meine Nichte
versteht nicht, warum ich es mit 70 Jahren nötig habe zu trinken
zwischen Injektionen, die ich mir selbst in den Bauch spritze.
Ich spaziere im Garten herum und trage einen Strohhut,
aber das ist egal, die Bäume sind hoch gewachsen,

ihre Kronen werfen einen dichten, verführerischen Schatten.
Wenn ich hierauf fallen würde, auf dieses Bett aus Blättern und Gras,
würde mich keiner mehr finden. Denn unter den Blättern ist eine Falle.
Viele böse Jungs sind in diese Falle getappt, Freunde aus meiner,
vom Stadtzentrum weit entfernten Kindheit. Wir traten damals zusammen in der
    Orangerie auf
und Herr Bernhard, der in der Stadt wohnte, versorgte uns
    mit Drogen.

Odată ne-a adus cizme de piele, dar eu eram absent și
mi-a rămas doar o curelușă aurie cu stropi de noroi
care se întăreau în timp, de la un băiat intrat în pămînt.
Pe panta cu frăguțe aleargă acum perechi de copii și
vorbesc tare,

crezînd că doar așa li se aud vocile, se lasă
purtați de curent, în hainele cu bretele colorate.
Iubirea mea e atomică, dar nu îi poate atinge.
Ce jos era cerul cu luminile lui,
ce excitați și frumoși noi toți, în blînda lui strînsoare.

(*Instalația,* Editura Cartea Românească, 2016)

Einmal, als ich abwesend war, hatte er uns Lederstiefel mitgebracht, aber
für mich übriggeblieben war nur ein goldenes Riemchen mit Schlammspritzern darauf,
die mit der Zeit härter wurden, von einem Jungen, den der Erdboden verschluckt hatte.
Auf dem Hang voller Walderdbeeren laufen nun paarweise Kinder und
    reden laut,

weil sie glauben, dass ihre Stimmen nur auf diese Weise gehört werden,
sie lassen sich in ihrer Kleidung mit bunten Trägern treiben.
Meine Liebe ist atomar, aber sie kann sie nicht berühren.
Wie tief stand der Himmel mit seinen Lichtern,
wie aufgeregt und schön wir alle waren, zärtlich von ihm umschlungen.

(*Instalația,* Editura Cartea Românească, 2016)

#14

Un băiat care stă la țară
Și când nu e la țară
Cercetează înăuntrul lui
Îngeri aurii pe fundal albastru

Nimeni nu mă vede
Numai luna de argint
Cum plâng gândindu-mă la el
Cum privește ploaia nemișcat

Un băiat cercetează interior
Gradul de claritate
Sunetul vocilor liniștea extremă
Corpurile suspendate

Mă întorc regulat în visele lui
Și mor la timp pentru el
Mă controlează telepatic la nesfârșit
Îmi spune tag-urile tale m-au dezamăgit

(*Oana Văsieș,* Editura Charmides, 2016)

#14

Ein Junge der auf dem Land lebt
Erforscht in seinem Inneren
Goldene Engel auf blauem Hintergrund
Auch dann wenn er nicht auf dem Land ist

Abgesehen vom silbernen Mond
Sieht niemand
Wie ich weine wenn ich an ihn denke
Wie er still dem Regen zusieht

Ein Junge erforscht im Inneren
Das Ausmaß an Klarheit
Den Klang der Stimmen die extreme Ruhe
Die schwebenden Körper

Ich kehre regelmäßig in seine Träume zurück
Und ich sterbe rechtzeitig für ihn
Unentwegt übt er telepathisch Kontrolle über mich aus
Er sagt zu mir deine Tags haben mich enttäuscht

(*Oana Văsieș,* Editura Charmides, 2016)

#5

Am fost în orașul tău
Și mi s-a făcut milă
Trei terase și o fântână
Nimeni să mă ia de mână
Să-mi mângâie obrazul

Am fost în orașul tău
Și mi s-a făcut rău
Aici ai făcut tu școala
În fortul de lângă copacul aprins
Ai plâns vorbind despre familie

Cine nu-și dorește în secret superputeri
Băiat sărac și unidirecționat
Ai să rămâi total singur în durere
Ateu prost șerpi vulturi steaguri
Ce mesaje are tatuajul tău

(*Oana Văsieș,* Editura Charmides, 2016)

#5

Ich war in deiner Stadt
Und mich packte das Mitleid
Drei Straßencafés und ein Brunnen
Keiner der mich bei der Hand nahm
Und mir über die Wange strich

Ich war in deiner Stadt
Und mir wurde schlecht
Hier gingst du zur Schule
In der Festung neben dem erleuchteten Baum
Weintest du als du über Familie sprachst

Wer wünscht sich denn insgeheim keine Superkräfte
Armer, nur in eine Richtung laufender Junge
Du wirst ganz alleine bleiben im Schmerz
Dummer Atheist Schlangen Adler Fahnen
Welche Botschaften dein Tattoo doch trägt

(*Oana Văsieș,* Editura Charmides, 2016)

11

VLĂDĂREANU

Nume: Elena Vlădăreanu

Data nașterii: 2. februarie 1981

Locul nașterii: Medgidia

Domiciliu actual: București

Cărți publicate: *din confesiunile distinsei doamne m.* (colecția underground carmen, 2001), *pagini* (Timpul, 2002), *fisuri* (Pontica, 2003), *europa. zece cântece funerare* (Cartea Românească, 2005), *spațiu privat. a handbook cu treizeci și trei de ilustrații de Dan Perjovschi* (Cartea Românească, 2009), *spazio private* (Pietre Vive, 2016), *Non Stress Test* (Casa de pariuri literare, 2016).

11

VLĂDĂREANU

Name: Elena Vlădăreanu

Geburtsdatum: 2. Februar 1981

Geburtsort: Medgidia

Derzeitiger Wohnort: Bukarest

Publizierte Bücher: *din confesiunile distinsei doamne m.* (colecția underground carmen, 2001), *pagini* (Timpul, 2002), *fisuri* (Pontica, 2003), *europa. zece cântece funerare* (Cartea Românească, 2005), *spațiu privat. a handbook cu treizeci și trei de ilustrații de Dan Perjovschi* (Cartea Românească, 2009), *spazio private* (Pietre Vive, 2016), *Non Stress Test* (Casa de pariuri literare, 2016).

românia. fin de siècle

cunosc în sfîrșit ticăloșia oamenilor blînzi
cunosc acești oameni cu mîini umede și
rotunde, gata să mîngîie pe fiecare

sînt zile în care
oricare dintre noi
poate fi inconsecvent și meschin.
hotărîrea de a nu muri
de a rezista
am luat-o și noi
copiii mizeriei
vinovați de a ne fi născut
între două secole
între o coadă la carne
și una la ouă
de crăciun nouă ni s-au arătat
oameni făcuți zob în direct
am crescut în burta cîinelui
care în noaptea aia
s-a îndopat cu creier proaspăt
astăzi aflăm că oamenii
în care am crezut
au mers de bunăvoie
și și-au dat prietenii pe mîna securității
trădarea vrea să devină modelul nostru
ne dă lecții de bună purtare:
nu faceți sex nu vă drogați
nu scrieți cuvinte porcoase

rumänien. fin de siècle

ich kenne endlich die gemeinheit der sanftmütigen
ich kenne diese menschen mit feuchten und
rundlichen händen, bereit, jeden zu streicheln

es gibt tage, an denen
jeder von uns
inkonsequent oder kleinlich sein kann.
die entscheidung nicht zu sterben
auszuharren
die haben auch wir
kinder des elends getroffen
schuldig zwischen zwei
jahrhunderten geboren worden zu sein
zwischen einem schlangestehen für fleisch
und einem für eier
zu weihnachten wurden uns live
zu brei zerquetschte menschen gezeigt
wir wuchsen im bauch des hundes auf
der sich in jener nacht
mit frischem hirn vollstopfte
heute erfahren wir dass die menschen
an die wir geglaubt hatten
freiwillig gingen
um ihre freunde an die securitate zu verpfeifen
der verrat will uns zum vorbild dienen
er stellt uns benimmregeln auf:
habt keinen sex nehmt keine drogen
schreibt keine unanständigen wörter

fiți metafizici
nu vă sinucideți
nu vă ucideți părinții

așteptăm cuminți
ca viața noastră
să ia drumul hîrtiei

*

prezentul tău este asemenea dunării
viitorul tău asemenea rinului
două brațe întinse
două brațe gemene
unul înnegrit de înțepături
celălalt cu pielea făcută franjuri

ariditatea începutului de secol
cînd nici iarba nu mai e ce-a fost
nu mai crește pe fundul bălților de sînge
sau pe locul unde s-au sfărîmat
dinți și coaste și cranii
iată românia mea:
viitorul ei a început
odată cu ultimele
mari morți ale sale.
cine moare astăzi?
poetul.
cine e ucis astăzi?
copilul.

(*europa. zece cîntece funerare,* Editura Cartea Românească, 2005)

seid metaphysisch
begeht keinen selbstmord
bringt eure eltern nicht um

wir warten brav
dass unser leben
den weg des papiers nimmt

*

deine gegenwart ist wie die donau
deine zukunft wie der rhein
zwei ausgestreckte arme
zwei zwillingsarme
der eine schwarz vom stechen
der andere mit zu fransen geritzter haut

die trockenheit am beginn des jahrhunderts
wenn nicht einmal das gras mehr das ist was es einmal war
es wächst nicht mehr am boden der blutlachen
oder über die stelle wo
zähne und rippen und schädel zermalmt wurden
hier ist mein rumänien:
seine zukunft fing
gleichzeitig mit seinen
letzten großen toden an.
wer stirbt heute?
der dichter.
wer wird heute ermordet?
das kind.

(*europa. zece cîntece funerare,* Editura Cartea Românească, 2005)

istorie recentă

așa stau lucrurile:
mama nu va pleca niciodată
din românia
tata nu va pleca niciodată
din românia
dacă mori nu vei mai pleca niciodată
din românia

șampoanele pe care le adun
din băile hotelurilor tale, europa
au toate același parfum
ca apa de colonia mărgăritar
cumpărata din tutungerii
nu înțelegi că lucrurile nu-s chiar atît de diferite acolo unde tu nu vei mai ajunge?

*

istoria e o bucată de zid
într-un oraș din centrul europei
istoria e un colț într-o fotografie

în fiecare aurolac jerpelit
e ceva din mine
în fiecare cîine flămînd și hăituit
e ceva din mine
în bărbații beți și plini de vomă
în bravii bărbați ai poporului nostru
mirosind cu toții a urină putreziciune și teamă

jüngste geschichte

die dinge stehen so:
mutter wird nie
rumänien verlassen
vater wird nie
rumänien verlassen
wenn du stirbst wirst du nie mehr
rumänien verlassen

die shampoos, europa, die ich
aus deinen hotels sammle
haben alle denselben duft
wie das eau de cologne mărgăritar
das man einst in tabakläden kaufte
verstehst du nicht dass die dinge gar nicht so anders sind dort wo
du nicht mehr hinkommen wirst?

*

geschichte ist ein stück mauer
in einer stadt im zentrum europas
geschichte ist ein eck in einem foto

in jedem verkommenen drogensüchtigen
ist etwas von mir
in jedem hungrigen und gehetzten hund
ist etwas von mir
in den betrunkenen männern voll von erbrochenem
in den tapferen männern unseres volkes
die alle nach urin fäulnis und angst riechen

sînt eu și numele meu
e românia.

avuția mea: cîteva sute de cărți
un lighean roșu de plastic
un fier de călcat uzat
un aparat de radio
un serviciu de ceai
de culoarea pămîntului
un suflet orgolios și necruțător
o piele afurisită
un dumnezeu plictisit
o dorință ca o vină de moarte

tu plimbi pe străzile unui
oraș din centrul europei
lașitatea și lipsa mea de speranță

(*europa. zece cîntece funerare,* Editura Cartea Românească, 2005)

bin auch ich und mein name
ist rumänien.

mein vermögen: ein paar hundert bücher
eine rote waschschüssel aus plastik
ein gebrauchtes bügeleisen
ein radio
ein erdfarbenes
teeservice
eine stolze und unerbittliche seele
eine zähe haut
ein gelangweilter gott
ein wunsch wie eine todsünde

auf den straßen einer stadt
im zentrum europas führst du
meine feigheit und hoffnungslosigkeit spazieren

(*europa. zece cîntece funerare,* Editura Cartea Românească, 2005)

*

eu am 27 de ani, 1,57 m 55 kg. el are 29 de ani 1,70 m 65 kg. o să murim amândoi la 71,80 de ani. dar avem 9 șanse din 100 să murim anual până atunci, el din cauza tutunului, eu din cauza cancerului la sân.

ne-am cunoscut în urmă cu trei ani și ne-am mutat imediat împreună pentru a nu agrava situația imobiliară, și așa precară, din bucurești. suntem căsătoriți în proporție de 8,8% și vom divorța cu siguranță între 30 și 34 de ani, așa cum se va întâmpla și cu ceilalți prieteni ai noștri căsătoriți.

eu folosesc de cinci ori mai puține deodorante decât englezoaicele, de trei ori mai puține decât nemțoaicele, de două ori mai puține decât unguroaicele. fac sex de 2,5 ori pe săptămână. el, de 4,08 ori.

cultural clash.

avem 0,009 copii. 75 de procente din ei sunt apă.

până la 18 ani, am înghițit 500.000 de advertoriale.

veniturile noastre au crescut în ultimii doi ani cu 17,6%. plecăm în vacanță două săptămâni pe an într-o țară exotică, unde consumăm apa pe care un localnic ar folosi-o într-un an. fiecare din noi dă uniunii europene câte 4 kg de deșeuri electronice. noi plus alții 99.998

*

ich bin 27 jahre alt, 1,57 m groß und wiege 55 kg. er ist 29 Jahre alt, 1,70 m groß und wiegt 65 kg. wir werden beide mit 71,80 jahren sterben. aber bis dahin steht die wahrscheinlichkeit 9 zu 100, dass wir jedes jahr sterben, er an den folgen des rauchens, ich wegen brustkrebs.

wir lernten uns vor drei jahren kennen und zogen sofort zusammen, um die ohnehin schon prekäre immobiliensituation in bukarest nicht noch mehr zu belasten. wir sind zu 8,8% verheiratet und werden mit sicherheit zwischen 30 und 34 jahren geschieden, so wie es unseren anderen verheirateten freunden auch passieren wird.

ich verwende fünfmal weniger deo als die engländerinnen, dreimal weniger als deutsche frauen, zweimal weniger als die ungarinnen. ich habe 2,5-mal pro woche sex. er, 4,08-mal.

cultural clash.

wir haben 0,009 kinder. 75 prozent davon bestehen aus wasser.

bis zu meinem 18. lebensjahr habe ich 500.000 advertorials in mir aufgenommen.

unser einkommen ist in den letzten beiden jahren um 17,6% gestiegen. wir machen zweimal im jahr urlaub in einem exotischen land, wo wir so viel wasser konsumieren, wie ein einheimischer in einem ganzen jahr. jeder von uns beschert der europäischen union jeweils 4 kg elektroschrott. wir plus andere 99.998

de români avem un mall și fiecare din noi are 16,38 m
de spațiu verde și un telefon mobil. dar nu toți trebuie să
trăim într-o cameră albă

nu toți trebuie să purtăm o pălărie neagră.

încrederea în noi înșine și în țara noastră e egală
cu zero.

update: suntem cei mai optimiști din europa. dar vom
ajunge la fel de prăpăstioși ca părinții noștri.

(*spațiu privat: a handbook*, Editura Cartea Românească, 2009)

rumänen haben ein einkaufszentrum und jeder von uns hat 16,38 m grünfläche und ein mobiltelefon zur verfügung. aber, wir müssen nicht alle
in einem weißen raum leben

wir müssen nicht alle einen schwarzen hut tragen.

unser vertrauen in uns selbst und in unser land ist gleich
null.

update: wir sind die zuversichtlichsten menschen in ganz europa. wir werden aber genauso schwarzseherisch werden wie unsere eltern.

(*spațiu privat: a handbook,* Editura Cartea Românească, 2009)

I am not a plastic bag

Vânzătoarea de la supermarket mă privește chiorâș de câte ori îi spun să nu îmi mai dea pungă.
Nu vreau pungă. Încerc să o spun cât mai blând cu putință, nu cumva să se simtă jignită. O spun încercând să zâmbesc sau prefăcându-mă că ăsta este cel mai firesc lucru din lume.
Nu vreau pungă. Nu-mi iese. Vreau să fiu eco și nu-mi iese. Vânzătoarea îmi îndeasă fileul de cod pane, salata energetică și cele 200 g de măsline naturale într-o pungă albă cu roșu
În care aș putea să-mi vâr capul și să-i înnod toartele în jurul gâtului
În care cei 0,009 copii ai noștri ar putea muri asfixiați
Care, în cel mai fericit caz, călătorește spre oceanul pacific unde se adaugă insulei de plastic. Contribui zilnic cu cel puțin o pungă
la distrugerea planetei.
Toată lumea știe că înainte de revoluție în românia nu exista ecologie, la fel cum nu existau homosexuali și nici sida.
Viața mea este plină de pungi de plastic, de tone de hârtie, peturi, sticle, ordonate de-a lungul a doar 20 de ani.
Ce fac cu ele? Unde este colțul meu verde? Cât la sută din viața mea este limpede și bio?

I am not a plastic bag

Die verkäuferin im supermarkt schaut mich jedes mal
schräg an, wenn ich ihr sage, dass ich keine tüte haben will.
Ich will keine tüte. Ich versuche, es so sanft wie möglich
zu sagen, damit sie sich nicht vielleicht beleidigt fühlt. Ich sage es,
indem ich versuche, zu lächeln, oder so tue, als wäre es
das natürlichste auf der welt.
Ich will keine tüte. Es gelingt mir nicht. Ich will umweltbewusst sein und
es gelingt mir nicht. Die verkäuferin stopft meine panierten kabeljaufilets,
den energiesalat und die 200 g naturoliven
in eine weißrote tüte
In die ich den kopf hineinstecken und mir die tragegriffe
um den hals binden könnte
In der jene 0,009 kinder, die wir haben, zu tode
ersticken könnten
Die im besten fall auf eine reise zum pazifischen
ozean aufbricht, um sich dort zur plastikinsel hinzuzugesellen.
Ich trage täglich mit mindestens einer tüte
zur zerstörung unseres planeten bei.
Jeder weiß, dass es vor der wende keinen umweltschutz
in rumänien gab, genauso, wie es keine homosexuellen
und kein aids gab.
Mein leben ist voller plastiktüten, tonnen an
papier, PET-flaschen, glasflaschen, alle entlang der letzten
lediglich 20 jahre angeordnet.
Was mache ich damit? Wo ist mein grüner fleck? Wie viel
prozent meines lebens sind sauber und bio?

Visez la un mod de viață cât mai ecologic. Nu fumez,
nu merg cu liftul, mi-am luat bicicletă.
Când mă spăl pe dinți închid robinetul.

(*spațiu privat: a handbook,* Editura Cartea Românească, 2009)

Ich träume von einer lebensweise, die so umweltfreundlich wie möglich ist. Ich rauche nicht,
ich fahre nicht mit dem lift, ich habe mir ein fahrrad gekauft.
Wenn ich meine zähne putze, drehe ich den wasserhahn zu.

(*spațiu privat: a handbook,* Editura Cartea Românească, 2009)

*

Ai devenit mamă:

Când știi că *white noise* nu e o carte de Don DeLillo.

Când știi să folosești funcția conotativă a foehnului.

Când știi mai multe cântece despre: arici, pitici, pisici, cipici, ursici, veverițe, lupișori, broscuțe, gâște micuțe

Când nu faci pipi decât cântând *Elefantul Cici/ Și-a pierdut cipicii*

Când adormi în timpul inghinalului

Când singura persoană a verbului devine persoana I plural

Când întâlnirile cu prietenii se desfășoară în felul următor:

Ce faci?

Și totuși ce mai faci?

Poate ar trebui să ne mai vedem și noi...

Când înțelegi în sfârșit de ce idiotul acela de împărat îi promite copilului *tinerețe fără bătrânețe și viață fără de moarte.*

(*Non Stress Test,* Casa de pariuri literare, 2015)

*

Du bist Mutter geworden:

Wenn du weißt, dass *white noise* kein Buch von Don DeLillo ist.

Wenn du die konnotative Funktion des Haartrockners verwenden kannst.

Wenn du mehrere Lieder über Igelchen, Zwerglein, Kätzchen, Schühchen, Bärchen, Eichhörnchen, Wölfchen, Fröschchen, Gänschen kannst

Wenn du beim Pinkeln immer nur *Hänschen klein / geht allein* singst

Wenn du während der Schamhaarentfernung mit Wachsstreifen einschläfst

Wenn die 1. Person Plural zur einzigen Person des Verbs wird

Wenn deine Treffen mit Freunden folgendermaßen verlaufen:

Wie geht es dir so?

Und sonst, wie geht es dir so?

Wir sollten uns vielleicht bald einmal treffen...

Wenn du endlich verstehst, warum dieser idiotische Kaiser dem Kind
Jugend ohne Alter und Leben ohne Tod verspricht.

(*Non Stress Test,* Casa de pariuri literare, 2015)

Bogdan Coșa: biografie

Bogdan Coșa s-a născut pe 24 ianuarie 1989, la Codlea. A absolvit Facultatea de Litere a Universității Transilvania din Brașov, apoi a urmat studiile masterale în Teoria literaturii și Literatură Comparată la Facultatea de Litere a Universității din București.

În 2011 a publicat *Poker*, primul roman al trilogiei cu același titlu, în urma cîștigării Premiului pentru Debut al Editurii Cartea Românească, ediția 2010. În 2013 i-au apărut la aceeași editură volumul de poezii *O formă de adăpost primară* și a doua parte a trilogiei, *Poker. Black Glass*; în cadrul Galei Tinerilor Scriitori, ediția a IV-a, romanul i-a adus premiul „Tînărul Prozator al anului 2013". *Ultraviolență*, ultimul volum al trilogiei sale a apărut în 2017 la Editura Polirom.

A primit bursa de creație a revistei *Observator cultural*, Jean-Jacques Rousseau Fellowship (Akademie Schloss Solitude) și H. C. Artmann Stipendium (Literaturhaus Salzburg), și a beneficiat, de asemenea, de programele de rezidențe pentru scriitori oferite de Akademie Schloss Solitude (Germania), Literaturhaus Salzburg (Austria), International Writers and Translators' Centre of Rhodes (Grecia), Hessischer Literaturrat (Germania), Pécsi Íróprogram (Ungaria), FILIT (România) și Fundația pentru Poezie „Mircea Dinescu" (România).

Bogdan Coșa a reprezentat România la cea de-a nouăsprezecea ediție a festivalului internațional European First Novel Festival din Budapesta și a participat la cea de-a șasea ediție a atelierului de traduceri literare român-suedez din Biskops Arnö; primele sale două romane au fost puse în scenă în 2014 de regizoarea Leta Popescu.

Fragmente din textele sale sunt traduse în engleză, franceză, germană, spaniolă, suedeză sau maghiară. Bogdan Coșa locuiește în București, unde lucrează ca jurnalist cultural și facilitează un atelier de scriere creativă.

Bogdan Coșa: Biografie

Bogdan Coșa, geboren am 24. Januar 1989 in Codlea (Kreis Brașov, Siebenbürgen), studierte zunächst rumänische und englische Literatur an der Universität Brașov, dann folgte ein Master-Studium in Literaturtheorie und Komparatistik an der Fakultät für Literatur der Universität Bukarest.

Mit *Poker* veröffentlichte er im Jahr 2011 seinen ersten Roman der gleichnamigen Trilogie – nachdem er damit 2010 die Auszeichnung für Literatur-Debüt des Verlages Cartea Românească gewonnen hatte. Im Jahr 2013 erschienen im gleichen Verlag der Gedichtband *O formă de adăpost primară* (Eine Art von primärer Unterkunft) und der zweite Teil der Trilogie mit dem Titel *Poker. Black Glass*. Bei der 4. Gala der Jungen Schriftsteller wurde Bogdan Coșa für seinen Roman zum „Jungen Schriftsteller des Jahres 2013" gewählt. *Ultraviolență* (Ultraviolenz), der letzte Band seiner Trilogie, erschien 2017 im Polirom-Verlag.

Bogdan Coșa ist Stipendiat der Zeitschrift *Observator cultural* und erhielt außerdem die Jean-Jacques Rousseau Fellowship (Akademie Schloss Solitude, Stuttgart) sowie das HC Artmann Stipendium (Literaturhaus Salzburg). Außerdem nahm er an Residenz-Programmen für Autoren teil, die durch die Akademie Schloss Solitude, das Literaturhaus Salzburg, das International Writers and Translators' Centre of Rhodes (Griechenland), den Hessischen Literaturrat, das Pécsi Íróprogram (Ungarn), FILIT (Rumänien) und die rumänische Stiftung für Poesie „Mircea Dinescu" zur Verfügung gestellt wurden.

Bogdan Coșa vertrat Rumänien beim *19. European First Novel Festival* in Budapest und besuchte die 6. rumänisch-schwedische Werkstatt für literarische Übersetzung in Biskops Arnö. Seine ersten beiden Romane wurden 2014 von der Regisseurin Leta Popescu inszeniert.

Einige seiner Texte wurden bereits in mehrere Sprachen übersetzt, darunter Englisch, Französisch, Deutsch, Spanisch, Schwedisch und Ungarisch. Bogdan Coșa lebt in Bukarest, wo er als Kulturjournalist arbeitet und einen Workshop für kreatives Schreiben leitet.

Traducere: Daria Schnut-Hainz

Daria Schnut-Hainz (n. 1980) a studiat Limba și literatura germană la Viena, precum și Germanistică și Anglistică la Timișoara și Iași. În prezent locuiește la Viena unde lucrează ca traducător și interpret pentru limbile germană, română și engleză, axându-se în mod deosebit pe literatură, teatru, artă și texte/evenimente din domeniul științelor umaniste. Pentru traducerile sale literare a fost bursieră a Institutului Cultural Român din București în 2007 și 2015. În anul 2015 a obținut de asemenea pentru traducerile sale de teatru din limba română în limba germană o bursă din partea rețelei literare TRADUKI.

Übersetzung: Daria Schnut-Hainz

Daria Schnut-Hainz (geb. 1980) studierte Deutsche Philologie in Wien, sowie Germanistik und Anglistik in Temeswar und Iassy. Sie lebt derzeit in Wien, wo sie als selbstständige Übersetzerin und Dolmetscherin aus dem Rumänischen/Englischen ins Deutsche und vice versa arbeitet, mit dem Schwerpunkt Literatur, Theater, Kunst und geisteswissenschaftliche Texte/Veranstaltungen. Für ihre literarischen Übersetzungen war sie 2007 und 2015 Stipendiatin des Rumänischen Kulturinstitutes Bukarest. Außerdem erhielt sie 2015 eine Übersetzerförderung vonseiten des literarischen Netzwerkes TRADUKI für ihre Theaterübersetzungen aus dem Rumänischen ins Deutsche.

Fußnoten

[1] Zitat nach dem Philosophen E. M. Cioran, das sich auf sein Kindheitsparadies Coasta Boacii in Rășinari, seinem Geburtsort in Rumänien, bezieht. Es bedeutet soviel wie „Was hat es denn gebracht, Coasta Boacii zu verlassen?" [Anm. d. Ü.]

[2] ANFP steht für „Agenția Națională a Funcționarilor Publici", eine öffentliche Institution in Rumänien. [Anm. d. Ü.]

Weitere Bücher im danube books Verlag

Behar Heinemann
Romani Rose – ein Leben für die Menschenrechte.
Dokumentation
ISBN 978-3-946046-07-3

Julia Schiff
Katzengold.
Historischer Roman
ISBN 978-3-946046-05-9

Josef Trabert
Die zweite Heimat
Eine Familienchronik aus Südungarn
ISBN 978-3-946046-03-5

Doris Orgonas
Alte Brücken – neue Wege. Baden-Württembergs Kulturaustausch mit Ungarn und dem mittleren Donauraum.
Sachbuch
ISBN 978-3-946046-04-2

Weitere Bücher im danube books Verlag

Stephan Ozsváth
Puszta-Populismus. Viktor Orbán – ein europäischer Störfall?.
Sachbuch
ISBN 978-3-946046-08-0

Carmen Spalj
Die politische Rechte in Ungarn
Sachbuch
ISBN 978-3-946046-01-1

Damir Rajle
Skizzen aus Slawonien/Skice Slavonije/Sketches of Slavonia
Bildband, dreisprachig
ISBN 978-3-946046-02-8

Tobias Ranker
Auf dem Weg zur internationalen Stadt.
Migration nach Ulm seit 1945.
Sachbuch
ISBN 978-3-946046-10-3